KB252074

인문학 강의

why & how 인문학 강의

삶이 달라지는 인문학 공부의 길

발행일 초판1쇄 2026년 1월 20일 | **지은이** 정승연, 길진숙, 오선민, 김영
펴낸곳 북튜브 | **펴낸이** 박순기 | **주소** 경기도 고양시 덕양구 소원로 181번길 15, 504-901 |
전화 070-8691-2392 | **팩스** 031-8026-2584 | **이메일** booktube0901@gmail.com
ISBN 979-11-92628-59-2 03100

Copyright ⓒ 정승연, 길진숙, 오선민, 김영
저작권자와의 협의에 따라 인지는 생략했습니다. 이 책은 저작권자와 북튜브의 독점계약에 의해 출간되었으므로 무단전재와 무단복제를 금합니다. 잘못 만들어진 책은 서점에서 바꿔 드립니다.

튜브 책으로 만나는 인문학강의 세상

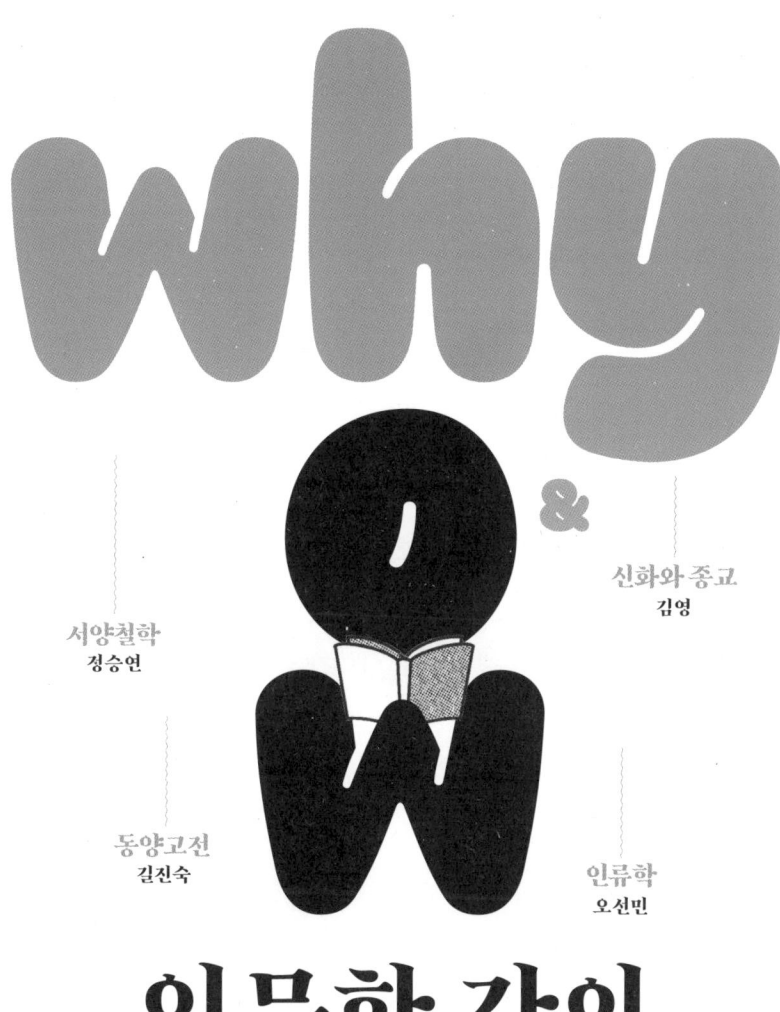

서양철학
정승연

신화와 종교
김영

동양고전
길진숙

인류학
오선민

인문학 강의

삶이 달라지는 인문학 공부의 길

Booktube 북튜브

머리말

2023년에 강의했던 'WHY & HOW 인문학특강'이 책이 되어 세상에 나옵니다. 서문을 요청받았습니다. 네 명의 필자 중 제가 가장 나이가 많습니다. 연장자라는 자의식이 발동하여 차마 거절을 못했습니다. 나잇값은 못하면서 나이는 의식하는, 이 꼰대의식과 허영으로 서문의 운명이 말이 아니게 되었습니다.

　근 3년의 시간이 지나 강의 내용이 원고로 정리되어 나왔을 때 책으로 내도 될까 걱정이 앞섰습니다. 제가 강의한 분야는 동양고전인데, 학술적 강의라기보다는 경험담, 방담(放談)에 가까웠기 때문입니다. 개인적인 공부 경험이 동양고전을 왜 공부하는지, 어떻게 공부해야 하는지의 물음에 대한 답으로 적절한지, 동양고전을 공부하려는 분들에게 도움이 되는지 확신이 서지 않았습니다. 그런데 서문까지 쓰라니 난감하지 않을 수 없습니다.

밀려오는 후회 속에 다른 필자들의 원고를 읽었습니다. 철학, 인류학, 신화와 종교를 왜 공부하는지, 어떻게 공부해야 하는지 알려 주는 필자들의 목소리를 따라가다 보니 마음이 편안해졌습니다. 제 강의의 부족함을 덮어 주고도 넘칠 정도로 지혜롭고 유익한 내용으로 가득했기 때문입니다. 이들 필자들에게서 저는 더 강력한 메시지를 읽었습니다. 철학, 인류학, 신화와 종교를 공부하지 않는다면 삶은 가능하지 않으며 세상은 달라지지 않을 것이라고요.

세 분 필자의 활약에 기대어 이제 마음 놓고 이 책이 왜 기획되었을까를 이야기해 보려 합니다. 애초 'WHY & HOW 인문학특강'은 출판사의 기획이라 그 의도를 다 헤아려 알 수는 없습니다. 다만 인문학이 이 지구상의 모든 인류에게 없어서는 안 되는 공부임을 널리 전하고자 함이 아닐까 짐작할 따름입니다. 인문학뿐만 아니라 모든 공부가 이 시대를 살아가는 모든 사람의 일상이 된다면 인류는 분명 다르게 살 수 있을 것입니다.

최근 중국의 소설가 위화(余华)의 『글쓰기의 감옥에서 발견한 것』(김태성 옮김, 푸른숲)을 읽었습니다. 위화는 2010년 예루살렘의 야드바셈 홀로코스트 기념관을 찾았습니다.

그리고 대학살 기간 동안 유대인을 구했던 '비유대인'을 기념하는 공간 앞에 섭니다. 그곳 기둥과 벽에는 약 2만 명의 전 세계 의인들의 말이 새겨져 있었습니다. 그 벽에 있던, 위화의 마음에 깊이 새겨진 독일 목사 마르틴 니묄러(Martin Niemöller)의 시입니다.

맨 처음 나치들이 공산주의자들을 잡으러 왔을 때,
저는 침묵했습니다.
저는 공산주의자가 아니었기 때문입니다.

그들이 사회민주주의자들을 잡으러 왔을 때도
저는 침묵했습니다.
저는 사회민주주의자가 아니었기 때문이지요.

그들이 노동조합원들을 잡으러 왔을 때도
저는 아무 말도 하지 않았습니다.
저는 노동조합원이 아니었기 때문입니다.

그들이 유대인들을 잡으러 왔을 때도
저는 침묵했습니다.

저는 유대인이 아니었기 때문입니다.

마침내 그들이 저를 잡으러 왔을 때,
저를 위해 변호해 줄 사람은 아무도 남지 않게 되었습니다.
말을 할 수 있는 사람들은 전부 그들의 손에 죽임을 당했기
때문입니다.

위화는 이 시에 뒤이어 유대인을 자기 집 땅굴 속에 숨
겨 주었던 한 폴란드인을 이야기합니다. 이 폴란드인은 왜
생명의 위험을 감수하면서까지 유대인을 구해 주었냐고 묻
자 이렇게 말합니다. "저는 유대인이 뭔지 모릅니다. 저는
그저 사람이 무엇인지를 알 뿐입니다."(286~287쪽)

그렇습니다. 누구여서가 아니라 그저 사람이어서 손을
내밀고, 무엇이어서가 아니라 그저 생명이어서 침묵하지 않
고 소리내는 이들이 있습니다. 이제 예루살렘의 사람들이
전 세계의 사람들에게 그래야 할 차례입니다.

인문학 공부를 왜, 어떻게 공부하느냐를 따지는 작업의
의미를 다시 생각해 봅니다. '그저 사람이 무엇인지를 알 뿐'
임을 아는 일! 잊지 않는 일! 위화의 말을 빌려 용기를 내 봅
니다. 이 책은 침묵하지 않는 다수 또는 침묵하는 소수, 사람

이 무엇인지를 알 뿐인 다수 또는 사람이 무엇인지 모르는 소수를 위해 기획되었습니다.

이렇게 묻는 분들이 있을 것입니다. 그렇다면 인문학 전반, 혹은 공부 전반을 다루지 않고, 인문학 중에서도 왜 철학, 동양고전, 인류학, 신화와 종교 네 분야만을 다뤘을까요? 이에 대한 답을 심오하게 하고 싶은데, 그렇게 말할 수가 없습니다. 분과 학문 중에 가장 핵심 학문이라서 이 네 분야가 선택된 것은 아닐 것입니다. 아마도 출판사 대표의 눈앞에 하필 이 네 분야를 공부하는 각각의 사람이 있었기 때문일 겁니다.

정승연, 길진숙, 오선민, 김영, 이 네 사람이 무슨 이유인지는 모르지만 천하태평으로 철학, 동양고전, 인류학, 신화와 종교에 대한 공부를 천업으로 삼았기 때문일 겁니다. 이들에게 공부에 대한 사명감 같은 건 전혀 보이지 않습니다. 그저 재미있어서, 좋아서, 그저 자신들에게 유익해서 그 분야를 오래 공부해 왔을 뿐입니다. 아마도 이유는 여기에 있는 것 같습니다. 단정하자면, 그 분야를 공부하는 사람들이 있어서 그 분야가 선택된 것입니다. 마치 '사람 나고 돈 났지, 돈 나고 사람 났냐'의 오마주(?) 같네요.

그렇기 때문에 네 분야가 더 소중한 것이 아닐까요? 인문학의 학적인 분류가 우리에게 무슨 소용이 있겠습니까? 어느 순간 자기 삶에 들어온 공부에 진심을 다하는 사람들, 그 공부를 자기 필요에 의해 업으로 삶으로 삼은 사람들, 그들에게 빛을 던진 그 공부라면, 이야기하기에 충분하다는 생각이 듭니다. 이 시대를 살아가는 필자들에게 등대가 되는 철학, 동양고전, 인류학, 신화와 종교는 이 시대를 살고 있는 또 누군가에게 등대가 될 것임에 틀림없습니다. 철학, 동양고전, 인류학, 신화와 종교가 21세기 오늘의 사람들에게 길잡이가 된다면, 그것이 가장 중요하고, 필요한 공부일 겁니다.

이들 필자들은 자신들이 체험한 바 그대로, 4분야 4색으로 인문학 공부의 WHY와 HOW에 답하고 있습니다. 철학으로 답한 정승연은 '철학함'이 무엇인가로부터 시작하여 '생각하지 않음'을 멈추는 공부에 대해 이야기합니다. 반응만 하고 생각하지 않는 이들을 애써 생각하게 하는 철학, 그 방법을 체계적으로 꼼꼼하게 알려 줍니다. 철학 공부를 하면 빈틈없는 논리가 가능해지리라, 공부의 의지를 불러일으키는 글입니다. 동양고전으로 답한 길진숙은 동양고전과의 우연한 마주침으로부터 시작하여 인간존재의 근원적 인식에 이르게 되는 경험을 이야기합니다. 에고에 묶이지 않고,

세상에 예속되지 않고 자유인이 되는 기예가 담긴 고전과 책들을 편력하면서 읽는 법을 안내합니다. 인류학으로 답한 오선민은 인류학이 어떻게 전개되어 왔는지를 통해 타자의 일상을 배우는 인류학을 탐사합니다. 레비스트로스, 클라스트르, 말리노프스키, 마거릿 미드 등의 인류학자들에 대한 소개와 인류학 답사기를 쓰는 방법까지, 인류학 공부의 모든 것을 볼 수 있습니다. 이토록 친절하고 자상한 안내는 없을 겁니다. 인류학 공부를 아니할 수 없습니다. 신화와 종교로 답한 김영은 카를 융과 조지프 캠벨을 통해 신화와 심층 종교에 대한 공부로 우리를 이끌어 줍니다. 나를 세우고, 신성한 나로 나아가는 과정이 신화와 종교를 공부하는 과정임을 보여 줍니다. 화석화되지 않고 선을 넘을 용기를 갖는 법을 명쾌하게 알려 줍니다. 속 시원하게 명징하게 가야 할 길을 제시해 주는 글 덕분에 어려운 관문도 두려워하지 않고 넘을 수 있을 것 같습니다.

서문을 시작할 때는 무슨 말을 해야 할지 몰랐습니다. 실마리를 잡기가 어려웠습니다. 필자들의 글에서 글을 쓸 용기가 일어났습니다. 답은 늘 책 안에 있다는 사실을 또 깨닫게 됩니다. 방담의 강의를 찰떡 같은 책으로 만들어 주는 '마법의 손' 박순기 대표에게 무한한 경의를 보냅니다. 출판사가 하 어려움에도 불구하고 '마이더스'가 결코 될 수 없는 '마이너스'의 책을 출간해 주는 용기에 감사의 인사를 올립니다. 세상이 살아 있구나, 그래서 살 만하구나를 잊지 않게 해주는 출판사와 필자들에게 기쁨의 환성을 보냅니다.

2025년 12월,
을사년을 마무리하며
사이재에서
길진숙이 쓰다.

| 일러두기 |

1 이 책은 2023년 3월 20일부터 5월 8일까지 총 8주 동안 진행된 '인문학 공부의 맥락을 잡는 WHY & HOW 인문학특강'의 내용을 바탕으로 구성한 것입니다.

2 단행본·정기간행물에는 겹낫표(『 』)를, 책의 편명이나 영화 등의 작품명에는 낫표(「 」)를, 단체명에는 꺾쇠괄호(《 》)를 사용했습니다.

3 인명·지명 등 외국어 고유명사는 2017년 국립국어원에서 펴낸 외래어 표기법을 따라 표기했습니다.

철학,
생각하지 않음을
멈추기

정승연

왜 철학을 공부해야 할까

'왜 철학을 공부해야 할까?'라는 질문

먼저, '왜 철학을 공부해야 할까'라는, 질문 자체에 관해 생각해 보는 것으로 이야기를 시작하는 게 좋을 듯합니다. 어째서 우리는 굳이 하지 않아도 될 '철학', '철학 공부'에 관한 질문을 던지는 것일까요? 그리고 심지어 '철학'이 무엇인지 정확히 규정할 수도 없으면서 그것에 관해 궁금해하곤 합니다. 이런 상황으로부터 우리는 두 가지 사실을 이끌어 낼 수 있습니다. 첫째, 우리는 '철학'이 무엇인지는 정확히 알 수 없음에도 그것이 꽤 유용(?)한 것 같다고 느낀다는 것, 둘째, '정확히 규정'할 수는 없지만, '철학'이 무엇인지 어렴풋이 '느낀다'는 것입니다.

　미리 말씀드리지만, 오늘 강의에서도 '철학은 무엇이다'

라는 식의 정의를 들으실 수는 없을 겁니다. 사실 그런 식의 정의를 내리는 것부터가 이미 '철학함'의 영역 안에 있는 문제이기 때문입니다. 가령 인터넷 서점에서 '철학이란 무엇인가'로 검색해 보면 꽤 많은 책들이 나옵니다. 그중에는 '철학이란 무엇인가'라는 책도 있고, '고대 철학이란 무엇인가'라는 책도 있으며, '현상학이란 무엇인가'라는 책도 있습니다. 그뿐이 아닙니다. '과학철학이란 무엇인가', '교육철학이란 무엇인가' 등등, '철학'의 각 분야, 또는 특정한 사조를 정의하고 해설하려는 엄청나게 다양한 텍스트들도 있습니다. 이 모든 것이 결국에는 '철학이란 무엇인가'라는 질문에 대한 답이기도 합니다.

만약 '철학'의 의미가 알기 쉽고, 단일하게 정의될 수 있는 것이라면 사실 이렇게까지 많은 텍스트가 필요하지는 않을 겁니다. 그 모든 책을 다 읽지는 않았습니다만, 그래도 여러 텍스트들을 뒤적여 본 경험에 비춰 말씀드리자면, 모든 텍스트가 때로는 조금씩, 때로는 많이 다르게 저마다의 '해석'을 개진합니다. 요컨대 여전히 '철학'에 대한, 모두가 동의할 수 있는 해석은 없다는 말입니다. 이에 대해 이렇게 생각해 볼 수 있습니다. '철학'의 정의가 있기는 있는데 '아직' 밝혀지지 않았다고 볼 수도 있고, 그것은 원래 정해져 있지 않고 사람에 따라 다르게 정의될 수밖에 없는 것이라고 볼 수도 있습니다. 여기서도 이미 꽤 다른 입장이 감지되지 않습니까? '철학이란 무엇인가'라는 물음을 해석하는 입장마저도 이렇게 다르기 때문에 그 물음 자체가 이미 '철학'이라는 담론 안에 들어와 있다고 볼 수 있습니다.

그러면 처음에 했던 이야기로 다시 돌아와서 이야기를 더 해보겠습니다. 우리는 '철학', 그 자체에 대해 뚜렷한 정의를 가지고 있지 않음에도 불구하고 이미 '철학'에 대한 모종의 '선(先)이해'를 가지고 있습니다. 이 '이해'가 아마도 '왜 철학을 공부해야 하는가'라는 질문 앞에 우리를 모이게 했을 겁니다. 앞서 말씀드린 '철학'이라고 이름 붙은 것들 사이에서도 무수하게 발견되는 저마다의 '차이들', 그 '차이-생성'이 '철학'을 공부하는 가장 중요한 '이유'일지도 모르겠습니다. 본디 '철학자'들이란 어떤 담론의 의미와 한계를 귀신같이 포착하고 그 담론을 넘어서는 담론을 생산하는 사람들이기 때문입니다. 그렇게 어떤 시대, 어떤 사회의 지배적인 담론들이 변화해 가는 것이고요.

'철학'이라는 이름

먼저 '철학'이라는 말의 의미를 밝혀 볼 필요가 있습니다. 왜냐하면 '철학'은 그 이름부터가 몹시 독특하기 때문입니다. 어떤 점에서 그런가 하면, '철학'이라는 이름에는 '학'(學)의 '대상'이 전혀 드러나지 않습니다. 예를 들어 '역사학'은 어떻습니까? '역사'라는 꽤 분명한 대상이 이름 안에 드러납니다. '물리학'도, '사회학'도, '경제학'도 마찬가지입니다. '문학'이나 '화학'은 이름만 가지고는 '대상'이 무엇인지 간명하게 다가오지는 않지만 그럼에도 '철학'보다는 사정이 훨씬 낫습니다. '문학'은 말 그대로 '문'(文)을 다루는 것이고, '화학'은 '화'(化), 즉 '(물질의) 변화'를 다루는 학문이니까요.

그런데 '철학'은 어떻습니까? 철학(哲學)은 무려 '밝히는[哲] 것을 배우는[學] 학문'입니다. 도대체 뭘 밝히겠다는 것일까요? 다양한 대답이 가능합니다. '세상의 이치'를 밝히는 것일 수도 있고 '인간의 도리'를 밝히는 것일 수도 있으며, '인간' 자체를 탐구해 밝히는 것일 수도 있습니다. 심지어 철학은 사회학처럼 '사회' 그 자체를 대상으로 삼을 수도 있습니다. 또 '앎' 그 자체에 대해서도 철학은 말할 수 있습니다. 이렇게 철학이 무엇을 주제로 삼는지 하나씩 찾아가다 보면 끝이 없습니다. 온갖 분과학문들에 다 끼어들게 되죠. 그래서 '교육철학', '경영철학', '사회철학', '역사철학', '정치철학', '의철학', '체육철학' 등등의 말들이 모두 어색함 없이 잘 달라붙습니다.

그러나 이 모든 것은 '철학'이라는 말이 '번역어'이기 때문이라는 지적이 가능합니다. 서양어에 이미 있었던 말을 옮기면서 어쩔 수 없는 모호함이 가중되었다고 볼 수 있으니까요. 그러면 철학의 원어는 무엇일까요? 아시는 바와 같이 영어로는 '필로소피'(philosophy)입니다. 그리스어로는 '필로소피아'(philosophia)고요. 이 말의 의미도 너무나 잘 알려져 있습니다. '지혜(sophia)에 대한 사랑(philo)'입니다. '철학'이라는 번역어 못지않게 모호합니다.

그러면, 이 말을 처음 사용한 사람은 누구일까요? 이 이야기를 통해서 아주 약간 '철학'이라는 말의 본래적 의미에 다가갈 수 있을 것 같습니다. 이 말을 처음 사용한 사람은 피타고라스(Pythagoras)라는 고대 그리스 철학자입니다. '피타고라스 정리'의 그 사람입니다. 피타고라스는 수학사에서 갖는 위상과 비슷한 위상을 철학사에서도 가지고 있죠. 어째서 그런가 하면, 변화하는 세계의 이면에 변하지 않는 수학적 진리가 있다는 사고방식을 처음으로 개진한 사람이기 때문입니다. 이 사고방식은 플라톤(Platon)을 거쳐 데카르트(René Descartes)에 이르기까지 철학사의 주류적 전통을 이룹니다. 피타고라스는 당대에도 현자(sophos)로 널리 알려진 사람이었습니다. 제자를 많이 두고, 학파를 이룰 정도였으니까요. 그런 피타고라스에게 그리스 어느 도시의 참주가 '그 현자(sophos)님을 모셔 오라'고 합니다. 이 말을 전해 들은 피타고라스는 '나는 현자는 아니고 지혜로움을 사랑하는 사람일 뿐입니다'라고 답했다고 하죠. 여기서 바로 '애지'(愛知)로서 '필로소피아'(philosophia)라는 말이 처음 생겨났다고 전해집니다.

그러면 이 맥락에서 '지혜에 대한 사랑'은 무엇을 의미하는 걸까요? 피타고라스는 '변화하는 세계 속에 변치 않는 질서'를 탐구한 사람입니다. 그런 점에서 이때의 '지혜'는 아마도 '세계의 질서', '현상 이전의 원리', '사물의 이치' 따위를 의미할 겁니다. 이 의미는 아주 오랜 시간 '철학'을 정의할 때 빠지지 않고 포함되게 됩니다. 바꿔 말하면 근거, 본질, 실체, 원리 같은 것을 묻지 않는다면 '철학'이라고 할 수 없다는 것입니다. 피타고라스는 그러한 '이치' 또는 '이치를 밝히는 일'을 사랑하는 사람이라고, 겸손하게 자신을 규정했던 것이고요.

'원리'를 탐구하는 시야

그러면 '왜 철학을 공부해야 하는가'라는 질문에 이와 같은 '애지'(愛知)의 의미를 맞세워 보면 어떨까요? 요컨대 '철학'을 공부하면 이 세계를 보는 시야를 조금 바꿀 수 있습니다. 이를테면 일상인으로서 우리는 우리가 살아가는 세계에 대해 그다지 질문하지 않습니다. 그게 아니라면 질문을 하다가 말고는 합니다. 이를테면 이런 것이죠. '민주주의란 무엇인가'라고 묻고는 곧장 나와 다른 의견을 가진 반대파에 대한 비판으로 직행합니다. '저들은 민주주의를 파괴한다'고 말하면서요.

그런데, 오히려 중요한 질문은 저들과 내가 함께 공유하고 있는 '대의제 민주주의'라는 시스템 자체에 관한 것일지도 모릅니다. 요컨대 '대의제'라고는 하지만 '대의'된 적은 거의 없는 이 시스템 자체에 근본적인 문제가 있는 것은 아닐까 하고 묻는 것이죠. 이렇게 되면 우리가 흔히 '민주주의'라고 표상하는 체제의 성질이 약간 달라집니다. 다시 말해 지금 작동하는 시스템과는 다른 시스템까지 상상할 수 있는 여지가 생기는 것이죠. 이걸 요약하면, 우리가 사는 이 세계를 상대적 시선으로 볼 수 있는 시야가 생긴다는 말입니다.

'원리'를 탐구하는 것은 사실 이 시야를 확보하기 위해서라고 할 수 있습니다. 다시 고대 그리스로 돌아가 보면 그러한 의미가 좀 더 분명해집니다.

　지금 아무 '철학사' 책이나 펼쳐서 맨 앞을 보면 십중팔구 확인할 수 있는 이름이 있습니다. 흔히 '철학의 아버지'로 불리는 탈레스(Thales)입니다. 탈레스는 어째서 '철학의 아버지'라고 불리는 걸까요? 탈레스는 다양하게 변화하는 세계의 바탕에 근본물질이 있고, 그것이 '물'이라고 생각했습니다. 직관적으로 보기에 전혀 '물' 같지 않은 것들도 모두 '물'이 변화한 양상들이라고 본 것입니다. 이 사고가 철학의 '시작'으로 꼽힐 수 있었던 이유는 무엇이었을까요? 탈레스에 관한 대부분의 해석은 탈레스의 작업을 통해 드디어 인류가 '신화'의 시대에서 벗어나기 시작했다고 설명합니다. 요컨대 인간이 '사유'를 이용해서 어떤 현상을 '내재적 방법'으로 설명하기 시작했다고 보는 것이죠. 물론 우리가 알 수 없어서 그렇지 당대에 탈레스와 같은 방법, 즉 '사유'를 통해 세계를 설명하려는 시도는 더 있었을지도 모릅니다. 우리가 하는 '생각'이라는 것이 대개는 당대의 첨예한 갈등들 속에서 태어난 것이니까요. 그럼에도 불구하고 우리에게 전해진 것은 탈레스의 생각이었습니다. '사유'를 이용해 세계를 통찰한 방법으로서 '철학'이 그렇게 시작되었습니다.

탈레스 이후에도 여러 밀레토스 학파의 자연철학자들이 어떻게든 이 세계를 '신화'와는 다른 방식으로 설명하려고 애를 씁니다. 이 전통은 계속 이어지고 이어져 현대 자연과학에까지 이릅니다. 17세기 과학혁명 이후로 우리는 지구가 도는 것이 당연하다고 생각하고, 우리 인간이 여러 동물들과 크게 다르지 않은 생물학적 조건을 가지고 있음을 상식으로 받아들입니다. 하지만 15세기 사람의 관점에서 보면 우리 모두는 불경할 뿐만 아니라, 무식하기까지 할 겁니다. 요컨대 '원리'에 대한 탐구는 세계를 보는 시야를 크게 바꿔 놓습니다. 이 말은 당대적 관점에서 '당연한 것'을 당연하지 않게 생각하게 된다는 말과 같습니다. 이와 같은 시야의 확보가 아마도 철학을 공부하는 첫번째 이유가 아닐까 생각합니다.

어떻게 멈출 것인가?

우리는 자기 자신이 '상식적'이라는 점을 거의 의심하지 않습니다. 완전히 다른 행동을 하는 두 사람 모두에게 물어봐도 자신의 생각과 행동이 상식적이라고 답할 겁니다. 가령 정치적 입장 같은 걸 생각해 보면 쉽게 이해가 갑니다. A당을 지지하는 사람은 그 당이 자신의 상식에 가장 잘 부합한다고 생각할 테고, B당을 지지하는 사람도 마찬가지일 겁니다. 그런 관점에 따라서 상대를 비난하고요. 양쪽 모두가 상대에게 '상식'을 강조하곤 합니다.

앞에서도 말했지만, 이럴 땐 '상식' 자체에 관해서 생각해 봐야 합니다. 다른 말로 하자면 '상식'이라는 개념을 '비판'(critique)해 보아야 하는 것입니다. 모두가 상식을 주장하는데, 도대체 저들의 상식과 나의 상식은 어째서 이렇게 차이가 나는가? 이러저러한 상식'들'이 존재한다는 걸 인정하고, 그러한 상식의 발생과정을 탐구해 볼 수도 있고, 상식을 주장하는 행동의 작동조건 같은 것들을 따져 볼 수도 있습니다. 어쨌든, 이 모든 것은 어떤 '반성'(reflect) 과정이라고 볼 수 있습니다. 흔히 '반성'이라고 하면 약간 도덕적인 의미가 실리곤 합니다만, 여기서 말하는 반성은 그와는 약간 다릅니다. 의식에 나타나는 어떤 현상을 돌아봄으로써 자기의 생각들을 비판해 보는 일이라는 의미입니다. 이때 사유의 대상은 1차적으로는 자기 자신입니다. 나의 생각, 행동 자체를 검토해 보는 것이죠. 앞서 말씀드린 것과 같이 우리는 모두 '상식적'입니다. 말하자면 '상식'으로 똘똘 뭉쳐 있다고 말할 수도 있을 겁니다.

　모두가 그렇게 '상식적'인데 도대체 '갈등'은 왜 생겨나는 것일까요? 저마다 가지고 있는 '상식'이 다르기 때문입니다. 이건 '상식'이라는 말의 의미에 비춰 보면 조금 이상한 일입니다. 상식은 영어로 '커먼 센스'(common sense)입니다. 이때 중요한 것은 앞에 붙은 '커먼'(common)의 의미가 아닐까 생각합니다. '커먼'은 '함께'를 뜻하는 'com'과 '나누다'를 뜻하는 'mon'이 합쳐진 말입니다 해석하면 '함께 나누다'이고요. 거기에 '센스'(sense)를 붙이면 '함께 나누는 감각' 또는 '함께 나누는 느낌' 정도로 이해해 볼 수 있습니다. 이 의미를 토대로 놓고 보면 '상식'(common sense)이란 '당대의 사람들이 대체로 가지고 있는 감각'이라고 할 수 있을 겁니다.

　그런데 도대체 이 '함께 나누는 감각'은 어떻게 생겨난 것일까요? 가령 예를 들어서, 우리는 어떤 사태를 보고 보이는 그대로 받아들이기보다는 그 이면에 감춰진 '실체'(substance)를 알고 싶어 합니다. 그게 우리의 상식적 감각이고요. 그래서 이렇게 묻습니다. '○○○의 실체는 무엇인가'라고 말입니다. 여기에 등장하는 '실체'라는 단어는 17세기만 하더라도 철학적 긴장이 잔뜩 걸려 있는 말이었습니다. 그런데 우리는 그 말을 거의 일상어로 사용합니다. 그렇게 공통적인 감각이 만들어집니다.

그러면 '실체'라는 말과 그 개념을 둘러싼 긴장이 그냥 해소되었을까요? 그럴 리가 없습니다. 17세기적 어법 안에서 '실체'는 무엇보다 '신'을 뜻하는 말이었습니다만, 이때의 신은 신앙의 대상인 신이 아니라, 인간 주체가 알아내야 할 어떤 것(자연 전체, 근본 원인)입니다. 당대 기준으로는 매우 급진적인 담론이었고요. '갈등'은 바로 여기서부터 생겨납니다. '신 중심 세계관'을 상식으로 가지고 있던 사람들은 '신의 의지와 상관없이 자연적 질서에 따라 회전하는 지구'라는 새로운 상식을 받아들일 수 없었기 때문입니다. 이를 좀 더 확대해 보면 어떨까요? '스스로의 자율적 의지에 따라 움직이는 천부적 권리를 가진 개인'의 관념은 당대의 동아시아에서 받아들일 수 있는 관념이었을까요? 전혀 그렇지 않았을 겁니다. 그러한 관념들은 20세기 초에 동아시아 사회가 겪었던 제국주의, 식민화 과정들을 겪는 가운데에 급격하게 유입된 것들입니다. 그러한 강도 높은 갈등들을 겪고 난 지금에 이르러서야 그것들은 '상식'이 되었습니다.

현재 시점에서 우리의 '상식'들은 어떠한가요? 우리는 '상식'을 '함께 가지고 있는 공통의 감각' 이상으로 사용하고 있지는 않나요? 제가 느끼기에는 내가 가진 어떤 '앎'을 '절대'까지는 아니지만 '믿어 의심치 않는' 정도까지는 믿고 있는 듯 보입니다. '믿고 있다'는 것도 느끼지 못할 만큼 말이지요. 예컨대 '걷는 방법'을 생각하며 걷는 사람이 드문 것처럼 우리는 우리의 '상식'을 반성하지 않는 것입니다. 그렇기 때문에 우리는, 누군가가 '지금 사회는 남성중심적 사회다'라고 주장하거나, '동물에게도 인간과 똑같이 자신의 생을 살아갈 권리가 있다'고 주장할 때, 또는 '민주주의건 뭐건 국가는 지배의 한 형식이다' 같은 주장을 하면 기꺼이 갈릴레이를 재판했던 '종교재판관'이 될 준비가 되어 있습니다.

요컨대 우리에게는 상식의 작동을 멈추게 할 힘이 부족합니다. 다시 말해 우리는 더는 생각하지 않을 수 없는 상황에 놓이기 전까지 대개는 '생각'을 하지 않고 살아갑니다. '생각'을 하는 건 불편하기 때문입니다. 이를테면 매번 방문을 열 때마다 문고리 돌리는 법을 생각해야 한다고 가정하면 어떻습니까? 아니면 운전을 할 때마다 가속페달과 감속페달의 위치를 떠올려야 하고, 방향지시등 위쪽이 우회전인지 아래쪽이 좌회전인지를 생각해야 한다면 말입니다. 좀 더 나아가서, 매 순간 자신의 '성'이 무엇인지 떠올리고 그 성별에 맞는 행동을 생각하며 행해야 한다거나, 선거철이 될 때마다 '대의제 민주주의'의 개념을 떠올리고, 이 시스템이 작동할 수 있는 자연적·사회적 근거와 정당성 따위를 '생각'해야 한다면, 아마 일상생활이 불가능해질 겁니다. 그런데, 반대로 이에 관해 그 어떤 것도 '생각'하지 않고 어딘가에서 주어진 '규범'을 익히고 익힌 그대로 '반응'만 한다면 어떨까요? 이 경우에는 그 어떤 변화도 불가능해집니다. 변화가 불가능하다면 어떨까요? 이 역시 마찬가지로 '삶'이 불가능해집니다. 왜냐하면 삶에서 '변화'의 상당 부분이 삭제된다면 살아가는 '의미'의 상당 부분도 사라질 것이기 때문입니다.

그래서 우리는 어느 정도는 '반성'을 할 수밖에 없습니다. 특정한 행동을 한 후에 결과가 좋지 않았다면, 행동의 프로세스를 교정하거나, 행동 자체를 바꾸는 방식으로 대응합니다. 그렇게 해서 이끌어 낸 좋은 변화가 우리를 지속적으로 살게 하는 것이고요. 물론 결과가 좋지 않을 수도 있습니다만, 그럼에도 불구하고 지금 구속이나 제약으로 작용하고 있는 어떤 상태를 넘어서려는 운동, 삶을 갱신하기 위한 노력 자체가 우리에게 어떤 활력을 줍니다. 철학을 공부해야 하는 두번째 이유는 여기서 찾을 수 있습니다. '철학'은 무엇보다 우리를 '반성'하게 합니다. 다른 말로 하면, 애써 '생각'하게 만듭니다. 아무 생각을 안 하고 살 수 있다면 좋겠지만 우리는 결코 그럴 수가 없습니다. 미래에는 어떻게 될지 모르겠지만 아직까지는 인간인 이상 아플 수밖에 없고, 죽을 수밖에 없기 때문입니다. 무조건 끝이 있을 수밖에 없는 이 삶이 쉬지 않고 제기하는 무수한 문제들을 잠시 덮어놓을 수는 있지만 끝까지 외면할 수는 없으니까요. 삶이 지속되는 와중에도 끊임없이 입을 벌리고 있는 허무를 어떻게 다룰 것인가? 도저히 이해할 수 없는 타자와 그의 '상식'을 어떻게 이해할 것인가? '나'는 도대체 무엇인가? 나는, 인간은 어떻게 살아야 하는가? 철학자들이 흔히 던지는 이러한 질문들은 반응적 삶을 중단시킵니다. 요컨대 '철학'을 공부함으로써 '생각하지 않음'이 멈춥니다. 그래야 잘 살아갈 수 있기 때문입니다.

차이를 만든다는 것

지금까지의 내용을 요약하면 이렇게 말할 수 있습니다. 철학을 공부하는 이유는 사태를 근본적인 지점에서 다시 생각하는 '역량'을 확보하기 위해서라고 말입니다. 이 역량은 결국 우리 자신을 지금과는 다른 존재로 만들어 냅니다. '나'란 무엇일까요? 매일 하는 일, 먹는 것, 언어습관, 관계, 읽는 책, 듣는 음악 등 우리가 반응적으로 자동화시켜 놓은 '관성' 전체가 바로 나 자신을 이루고 있을 겁니다. 이는 그런 '나' 너머에 존재한다고 여겨지는 '진정한 나'가 환상임을 드러냅니다. 지금 사는 모습 그대로가 '나'인 셈입니다. 그런데 우리가 똑같은 상황에서 다른 반응을 하게 된다면 어떨까요? 매일 하는 일이 달라지고, 먹는 것이 달라지고, 특정한 상황에서 반응을 멈추고 비로소 생각하게 된다면 말입니다. 저는 그게 '변신'이라고 생각합니다. 그때 우리는 우리 자신을 다시 생산합니다. 서두에 말씀드린 '차이-생성'이 바로 이런 걸 두고 하는 이야기일지 모릅니다. '철학'은 우리가 사는 세계를 초월한 특별한 무언가가 전혀 아닙니다. 매일 하는 말이 달라지고, 행동이 달라짐으로써 자신의 세계를 바꾸는, 어떻게 보면 아주 단순한 '활동'이라고 말할 수 있습니다. 그런 점에서 그것은 우리를 살아오던 대로 살지 못하게 만듭니다. 그것은 우리를 진정한 의미에서 '생각하는 사람'으로 만듭니다. 이 활동이 실천적으로는 무력하다는 비판이 있을 수 있겠지만, 저는 오히려 반대로 철학하는 사람이 많으면 많을수록 세상이 달라질 거라고 믿습니다.

철학 공부, 어떻게 할까

'어떻게'를 묻기 전에 생각할 것

지난 시간엔 '철학을 왜 공부해야 하는가'에 대해 비교적 간략한 답변을 해보았습니다. 그것은 '통념을 넘어서, 상식 너머로 생각하기'라는 말로 요약할 수 있습니다. 이 답변은 명시적으로 드러나 있지는 않지만 '철학함'의 '대상'이 무엇인지 어느 정도는 지시하고 있습니다. 요컨대 그것은 우리가 평소 거의 의식하지 않는 것들, 말하자면 '앎'으로 '포장'된 '믿음'을 대상으로 합니다. 그 '믿음들'은 우리 삶을 가능하게 하는 것이면서 동시에 우리를 현재의 삶에 묶어 두는 제약으로도 작용하기 때문이지요. 요컨대 그렇게 방향이 정해진 '철학함'은 우리 자신의 '자유'와 깊은 관련이 있습니다. 근거 없는 '믿음'이 많고 강력할수록 우리는 덜 자유로울 테니까요. 그러면 반대로 그러한 제약들(믿음들)이 아예 없는 상태를 자유로운 상태라고 할 수 있을까요? 그건 또 아닐 겁니다. 그런 것들이 아예 없다면 우리는 아무것도 할 수 없는 무기력에 빠지게 될 테니까요. 그런 이유에서 최대치의 '자유'가 확보된 상태는, 우리의 '믿음'을 파괴하는 돌발적 사건 속에서도 유연하게 새로운 것을 수용하고 재생하는 '능력'과 관계되어 있는 듯합니다. 저는 '철학 공부'를 통해 그 능력을 확대할 수 있다고 생각합니다.

'철학'이 우리의 변용 능력과 관계된 것이라면, '철학함'의 태도를 그 관점에서 규정해 볼 수 있습니다. 이를테면 '철학'을 할 때 철학자들은 최대한 '검토하지 않은 전제'를 자신의 철학에 도입하지 않으려고 애를 씁니다. 이걸 우리가 평소 사용하는 말로 바꿔 보면, '선입견 없이 생각함'이라고 할 수 있습니다. 여기에서는 상식이나 통념, 선입견, 고정관념 등이 거부되고 있습니다. 요컨대 이것은 어떤 '열린 태도'를 지향합니다. 결론이 어떻게 나오든, 그게 철저히 검토한 결과라면 '받아들일 수밖에 없다'는 태도입니다. 이 과정 속에서 자신의 존재 양식을 바꿔 내는 것은 다른 문제이기는 합니다만, 어쨌든 저러한 '태도'를 획득하는 것은 일련의 변신 과정의 출발점으로서는 충분하고도 남습니다.

'철학 공부'를 시작하는 데 있어서 이러한 '태도'를 미리 생각해 보는 것이 좋습니다. 이는 '공부'에 앞서 자기를 내려 놓는 것이라고 볼 수 있습니다.

'철학'은 어디에 있는가?

앞에서 말한 것처럼 '철학'은 그 '대상'을 확정하기가 어렵습니다. 그렇지만 '대상'이 없다고 할 수도 없습니다. 차라리 '철학'은 '생각'이 있는 곳이라면 어디에나 있다고 말하는 편이 좋습니다. 여기서부터 우리의 질문, '어떻게 철학을 공부해야 할까'는 난관에 봉착합니다. 왜냐하면 '철학 공부'는 어떤 의미에서는 통상적인 '공부'의 형식과 다르기 때문입니다. 이를테면, '역사'를 공부하고자 한다면 역사 텍스트, 사료들, 유물들을 보고 '공부'할 수 있습니다. '영어'를 공부한다고 할 때도 마찬가지입니다. 그것들에서는 보통 '공부'를 한다고 했을 때 해야 할 것들이 비교적 선명하게 드러납니다. 요점을 정리하고, 중요한 사항들을 외우고, 그렇게 정리하고 외운 것들을 완전히 익숙해질 때까지 익힌다, 이게 보통 '공부'의 형식입니다. 그런데 '철학'을 그렇게 '만' 할 수는 없습니다. 물론 '철학 공부'에도 그와 같은 요소들이 없는 것은 아닙니다. 그러나 그것들만을 하는 것이라면, 철학을 공부하는 의미가 사라지고 맙니다.

　이런 가정을 해보면 '철학 공부'가 갖는 독특함이 잘 드러납니다. 예를 들어 A라는 사람이 '철학 공부'를 한다고 하고, 역사상에 등장했던 모든 철학자들의 학설을 요점 정리하고 외웠다고 해보는 겁니다. 그 사람은 그 학설들을 달달 외우고 익혀서 누가 어떤 학설을 이야기했는지 술술 이야기를 할 수 있는 수준에까지 이르렀습니다. 그럼, 우리는 그 사람을 '철학자'라고 부를 수 있을까요? 그럴 수 없을 겁니다. 그러면 반대로 가정해 볼 수도 있습니다. 이 사람은 B라고 하겠습니다. 이 사람은 역사상의 철학적 학설들 중에 아는 것이 아무것도 없습니다. 다만, 그 사람은 매일매일 만나는 사람들, 사물들, 자연들 속에서 생각합니다. 그러고는 '우리가 사는 세계는 끊임없이 변화해 가는 본성을 갖는다. 그렇기 때문에 무언가에 집착하는 것은 어리석은 일이다'라는 생각을 합니다. 우리가 생각하는 '철학자'의 이미지에 잘 부합하는 사람은 오히려 이쪽입니다. B는 그러한 '생각'에 도달함으로써 '있었던 것'들에 대한 집착을 넘어선 사람이 되었을 겁니다. 말하자면 그는 그렇게 '변신'한 셈입니다.

그러면 우리는 어떻게 해야 할까요? 읽고, 쓰고, 익히는 일은 관두고 B와 같이 세계의 질서를 궁구하기만 하면 되는 걸까요? 그러면 좋겠지만 문제가 그리 간단하지는 않습니다. B가 자신이 생각한 결론을 C에게 이야기했다고 하겠습니다. 그러자 C가, "네 말에 일리가 있기는 한데 말이야. 모든 게 변한다고 하지만 '1 더하기 1은 2' 같은 종류의 지식들은 안 변하지 않아?"라고 반문한다면 어떨까요? B는 C의 반문에 답하기 위해서 또 골똘히 생각을 거듭할 겁니다. B의 이야기에 자극받은 C 역시 B의 방어논리에 대응하고자 '변치 않는 것이 있음'이라는 생각을 더 진전시켜 나갈 테고요. 우리가 흔히 어떤 분야로서 '철학'을 말할 때, 그 '철학' 안에 들어 있는 것은 바로 이와 같은 담론들입니다. 앞서 말한 A의 경우는, B와 C 같은 사람들이나 그들의 계승자들이 진전시키고 체계화한 학설들을 익힌 것이고요.

이 이야기를 다시 생각해 보면 우리가 '철학'이라고 부르는 것 안에 이중적인 의미가 중첩되어 있는 것을 알 수 있습니다. 하나는, 동사적인 의미의 '철학', '철학함'이라고 볼 수 있고, 다른 하나는 그러한 '철학함'의 다양한 사례들로서의 '담론적 철학들'입니다. 이 둘은 규정상 각기 다른 것으로 분류할 수 있지만, 사실은 하나입니다. '철학함'이 머리라면,

'담론적 철학'은 몸이라고 할 수 있습니다.

철학을 어떻게 '할' 것인가?

지난 시간에 말씀드린 것처럼, 우리 삶은 쉬지 않고 우리에게 '문제'를 제기합니다. 언젠가 죽는다는 필연적 유한성, 질병, 노화, 가까운 사람의 죽음, 깨지고야 마는 사랑과 우정, 도덕적 딜레마, 신념과 생활의 일치와 불일치 등등. 말하자면 우리가 놓여 있는 상황은 우리에게 '철학'을 하지 않을 수 없게 만드는 것처럼 보입니다. 그럼에도 불구하고 세상에 철학하는 사람은 드뭅니다. 그러한 문제들을 검토하지 않고서도 삶을 가능하게 해주는 여러 통념과 선입관들이 있기 때문입니다. 이 경우 '문제들'은 결코 사라지지 않습니다. 매번 새로운 옷을 입고 다시 나타날 뿐이지요. 그러면 '문제'를 근본적인 지점에까지 내려가서 사고하고, '문제' 자체를 검토하는 '철학함'은 그러한 '문제'들을 말끔하게 해결할 수 있을까요? 꼭 그렇다고 할 수는 없습니다. '철학함'이 문제들에 다른 방식으로 접근한다고 말하는 게 맞을 것 같습니다. 이를테면 우리는 '철학함'을 통해서 필연적으로 제기될 수밖에 없는 삶의 문제들과 더불어 살 수 있습니다. 그 와중에 운이 좋으면 더는 그 문제로 인해 괴로워하지 않을 수도 있고요.

'문제와 더불어 산다'는 것은 달리 말하면 '문제'를 회피하거나, 반사적 대응으로 지연시키지 않고 '직면'하는 것이라고 할 수 있습니다. 예를 들면, '우리는 모두 죽는다'는 대명제를 두고서, 어떤 사람은 죽음에 대한 두려움에 떨면서 수명을 늘릴 수 있는 온갖 방법을 찾습니다. 또 어떤 사람은 '결국 죽는데 뭐'라는 태도로 자신의 삶 전체를 '허무'에 맡겨 버립니다. 이 두 경우 모두 '삶'에서 중요한 무언가가 파괴된다는 점에서는 동일합니다. 그 '무언가'는 삶의 활력 같은 것일 수도 있고, 자기 운명에 대한 사랑이나, '삶의 의미' 같은 것일 수도 있습니다. 그것을 무엇이라고 단언할 수는 없지만, '공포'와 '허무'에 장악당한 삶이 '좋은 것'과는 거리가 멀다는 것은 확실하게 알 수 있습니다.

'문제와 더불어 사는' 역량을 가진 사람은 어떨까요? 그는 '삶의 유한성'이라는 '운명'을 '삶'의 '조건'으로 받아들입니다. 그러면 이 문제는 '죽음을 피하는 문제'에서 '유한한 삶의 의미'를 찾는 문제로, '유한성 자체를 수긍하는 법'을 찾는 문제로 전환됩니다. 아니면 정말 우리가 '유한한가'와 같이 반문할 수도 있습니다. 그런 경로를 밟아 간다면, '생명'에 대해, '의식'에 대해, '자연'에 대해 생각할 수 있는 길도 열리게 됩니다. 요컨대 '철학함'이란 이렇게 '문제'를 피하지 않고, '문제'를 향해 뛰어드는 것입니다. 앞서 예로 들었던 B처럼 어떤 문제에 대해 자기 나름의 답을 낼 수 있으면 좋습니다. 내지 못하더라도 '문제'를 옆에 두고 고민하는 것 자체로도 얻을 수 있는 효과는 큽니다. '문제'를 고민하다 보면 '죽음에의 공포', '삶의 허무'처럼 우리의 생(生)을 제약하는 것들이 더는 구속으로 작용하지 않으니까요.

그런데, '문제 자체를 고민한다'고 할 때, 도대체 이 '고민'은 어떻게 해야 하는 걸까요? 그냥 앉아서 '죽음'에 대해 생각하기만 하면 되는 걸까요? 아마 그렇게 한다면 오랫동안 '문제'의 심층에까지 도달하지 못하게 될 가능성이 큽니다. 어쩌면 죽을 때까지 그 문제를 '고민하는 법'을 고민하느라 아무 결론을 못 내리게 될 수도 있고요. 말하자면 맨땅에 헤딩하는 것에는 한계가 있을뿐더러 잘 해낸다고 하더라도 그다지 효율이 좋지 않다는 것입니다.

어떤 거인의 어깨에 올라탈 것인가?

생각해 보면, 우리가 인간인 이상, 그리고 서로 크게 다르지 않은 생활조건 속에서 살고 있는 이상, '삶이 제기하는 문제들'은 매우 보편적인 문제들이라는 걸 알 수 있습니다. 말하자면, 지금 내가 여기서 겪고 있는 문제들의 대부분은 예전에, 혹은 다른 곳에서 이미 누군가가 겪었고, 그 문제에 먼저 뛰어들었던 누군가가 이미 있다는 이야기입니다. 우리가 특정한 학문의 분야로서 '철학'을 생각할 때, 그것은 바로 이런 것입니다. 다시 말해, 우리가 겪는 보편적인 삶의 문제들, 그로부터 도출되는 '세계에 대한 관점', '행위의 적합성 문제' 등등은 이미 역사상의 무수한 철학자들이 이미 골몰했던 문제들인 것입니다. 우리는 그렇게 많은 사람들이 뛰어들어서 풀어 보려고 노력한 성과들을 최대한 이용할 필요가 있습니다. 좁은 의미에서 '철학 공부'는 바로 그것들을 '공부'하는 것입니다. 달리 말하면, 그것은 좁은 시야를 넓히는 방법입니다. 그리고 어떤 의미에서는 '대화'할 사람을 찾는 일이기도 합니다. 철학적 문제가 아니라고 하더라도, 우리는 어떤 문제에 봉착했을 때 '조언자'를 찾곤 합니다. 하다못해 뭔가를 사려고 할 때도 '리뷰'를 보고 사고요. 그런 식으로 우리는 관점의 다양성을 확보하곤 합니다. 이것은 뒤에 이야기할 '세미나'에서도 똑같이 적용될 수 있습니다.

거인의 어깨 위에 올라타서 시야를 넓혀야 한다는 것을 인지하는 데까지는 도달했습니다. 이제 문제는 '어떤 거인의 어깨를 빌릴 것인가'입니다. 여기서 '거인'은 역사상의 철학자들일 겁니다. 우리가 상식 수준에서 알고 있는 여러 철학자들이 있습니다. 철학자의 대명사로 꼽히는 소크라테스가 있고, 플라톤, 아리스토텔레스, 프랜시스 베이컨, 데카르트, 스피노자, 칸트, 헤겔, 하이데거, 푸코, 들뢰즈 등등. 이 중에 아무나 골라서 읽어 볼 수도 있습니다만, 그건 별로 좋은 방법이 아닙니다. 그런 식으로 접근하면 당연하게도 '동기'가 약해질 수밖에 없고 흥미를 잃는 건 순식간이기 때문입니다. 그래서 처음에는 '철학사'를 읽는 것이 비교적 좋은 방법입니다.

'철학사'란 이름 그대로 지금까지 있었던 '철학자'들의 생각을 연대순으로, 핵심만 요약해 놓은 텍스트입니다. 이를테면 그것은 '담론적 철학'의 '목차'와 같은 것이라고 볼 수 있습니다. '철학사'를 보면 놀랍게도 역사상의 철학자들의 답변은 저마다 다르지만 그들이 풀려고 했던 문제는 비슷비슷하다는 걸 쉽게 알아차릴 수 있습니다. '이 다양한 세계를 가능하게 하는 근본적인 원리가 있는가', '우리의 앎은 어떻게 가능한 것인가', '우리는 어떻게 행동해야 하는가', '사회적 규범과 나 자신은 어떻게 관계해야 하는가', '우리가 선호하는 것들은 어떤 이유에서 선호되는 것인가' 같은 물음들이 그것입니다. 요컨대, '철학사'를 통해서 우리는 이른바 '근본 문제들'이라고 하는 주요한 철학적 질문들에 대한 철학자 저마다의 답변을 들어 볼 수 있는 것입니다. 만약 내가 철학 공부를 하겠다고 마음을 먹었다면, 이전 사람들이 어떤 질문을 던졌고, 그에 대해 어떻게 답했는지를 알아볼 수 있습니다. 그걸 보고 나면, 내 생각이 그렇게까지 특별한 것이 아니었다는 걸 깨닫게 되기도 하고, 그 길로 가다 보면 어떤 한계에 봉착하게 되는지도 알게 됩니다. 말하자면, 내 생각, 상식, 통념들의 한계와 문제점 등을 새로이 깨달을 수 있게 되는 것입니다.

다만 여기서 유념해야 할 것은 '철학사'를 '객관적'이라고 생각해서는 안 된다는 점입니다. 방법론적으로 최대한 '객관성'을 유지하려고 하는 철학사가 있는가 하면, 반대로 특정한 입장에 따라, 그 입장의 기원을 추적하는 차원에서 서술된 '철학사'도 있습니다. 전자의 경우에도 '객관성'을 유지하려고 하지만, 은연중에 쓴 사람 자신조차 의식하지 못한 선별이 들어갈 수밖에 없습니다. 그렇기 때문에 '철학사'가 갖는 한계도 분명 있습니다. 이를테면 나에게 어떤 영향을 줄 수 있을 철학자가 '철학사'에서는 아예 등장하지 않거나 다른 철학자의 사상으로 가는 길에 다리 하나를 놓은 철학자로 잠깐 등장할 수도 있지요. 그래서 '철학사'를 읽을 때는 한 종만 보지 말고, 적어도 두 종을 같이 보는 것이 좋습니다. 하나는 원전 인용이 풍부하고, 한계가 있지만 '객관적 서술 방법'을 취하는 것, 다른 하나는 쓴 사람의 관점이 강하게 발휘된 것으로 쌍을 맞출 수 있습니다. 다른 쌍도 가능합니다. 하나는 비교적 간략한 서술로 이루어져서 '사상'의 역사적 변화를 쉽게 파악할 수 있는 것, 다른 하나는 상세한 설명을 통해서 사상의 세부를 잘 보여 주는 것으로 짝을 지어 읽을 수도 있습니다. 어쨌든 중요한 것은 한 종만 읽기보다는 여러 종을 함께 읽는 것입니다. 그렇게 해서 얻을 수 있는 장점 중 하나는 어떤 텍스트에서는 의문으로 남은 것이 다른 텍스트에서는 쉽게 해결되는 것을 볼 수도 있고, 끝까지 의문으로 남는 문제를 발견할 수도 있다는 것입니다. 이것 역시 '관점의 다양화'라는 측면에서 두 종의 철학사를 함께 읽을 때 얻을 수 있는 이점입니다.

이렇게 '철학사'를 읽다 보면, 나의 '문제'였으나 평소에는 의식하지 않았던 '문제'를 발견하는 순간이 오기도 합니다. 그러면 그 '문제'와 관련된 '철학자'에 대해 관심이 생깁니다. 이럴 때 '철학사'를 읽는 '눈'이 생기기 시작했다고 볼 수 있습니다. 요컨대 이전까지는 '사상의 흐름'을 읽는 방식으로, '인물들 각각의 사상'을 파악하는 방식으로 읽었던 것에서 '문제의 역사'를 중심으로 읽는 시야를 확보할 수 있게 된 겁니다. 그러면 그 '문제'를 중심으로 '철학자'의 목록을 만들어 볼 수 있을 겁니다. 다시 말해 올라타야 할 '거인'의 목록이 만들어진 셈입니다.

어떻게 거인의 어깨에 오를 수 있을까?

자 이제 드디어, 말만 들어도 무시무시한 '원전'에 다다랐습니다. 저는 '철학사'를 읽을 때, 일단은 '호감'을 느끼는 게 정말 중요하다고 생각합니다. '좋아할 것 같은 느낌'이 있어야 조금이라도 더 애를 쓸 수 있기 때문입니다. 이 말은, 많은 철학자들이 우리의 '좋아함'을 거절한다는 말이기도 합니다. 원전의 경우에 처음 읽다 보면, 정말이지 첫 문장부터 막막할 때가 많으니까요. 그래서 먼저 '철학사'를 읽는 것이기도 합니다. 그 철학자의 주요 '문제'를 미리 알고 원전을 읽으면 왜 그런 이야기를 하고 있는 것인지, '이유'를 알 수 있기 때문입니다. 어쨌든, 대개의 원전은 어렵습니다.

그러나 그런 '어려움'에도 불구하고 '원전'을 읽어야 하는 이유는 분명합니다. '철학사'의 '핵심정리'에서 누락된, 철학자 자신의 내적 맥락은 오로지 '원전'을 읽어야만 알 수 있기 때문입니다. 우리는 그 맥락을 읽음으로써 '사고하는 법'을 배우기도 합니다. 예를 들어 데카르트가 '나는 생각한다, 고로 존재한다'라는 명제를 이야기했다는 것은 아주 유명합니다. 그런데, 왜 그 명제가 데카르트에게 그렇게나 중요했는지, 또 어떤 사고의 과정을 통해서 그것을 도출해 낼 수 있었는지는 명제 자체보다 덜 유명합니다. 말하자면, '철학사'나, 간단한 요점 정리만 읽어서는 데카르트 자신의 맥락을 알 수 없게 되는 것입니다. 이 맥락을 알고 있는 상태에서 '나는 생각한다, 고로 존재한다'라는 명제에 도달하면 어떻게 되겠습니까? 그 명제가 가지고 있는 폭발력을 실감할 수 있게 되는 겁니다. 이 강렬한 느낌이 중요합니다. 왜냐하면, 그 강렬함에 힘입어 우리는 비로소 '생각하는' 나 자신을 강렬하게 생각할 수 있게 되기 때문입니다. 그러니까 이 명제를 통해 우리는 자기 자신을 새롭게 인식할 수 있는 특정한 계기를 마련할 수 있습니다. 이는 '원전'을 직접 읽는 데에서만 얻을 수 있는 것입니다.

저는 이러한 원전 읽기가 어떤 의미에서는 '친구'를 만드는 과정이라고 생각하기도 합니다. 말하자면, 책은 일단 펴기만 하면 언제나 나에게 말을 걸어 옵니다. 제가 그걸 읽을 때는 그러한 '말 걸어 옴'에 대한 '응답'을 하고 있는 것이고요. 반대로 내가 어떤 책에 말을 걸 수도 있습니다. 예를 들어 도저히 수용할 수 없는 성향을 지닌 어떤 사람과 꼭 관계를 맺어야만 하는 조건에 놓여 있을 때, 스피노자나 흄의 철학은 '문제'를 처음부터 새롭게 생각할 수 있도록 해줍니다. 이건 나의 문제에 대해 책이 응답한 경우라고 할 수 있습니다. 이렇게 '원전'은 어느 철학자가 직접 써낸 글이라는 점에서 '철학사'나 '해설서'에서는 느끼기 힘든 '직접성'을 가지고 있습니다. 이 '직접성'이 원전에 다가가기 어렵게 만들기도 하지만, 반대로 원전을 읽게 만드는 요소이기도 합니다.

거인의 어깨에 올라타는 첫번째 방법 — 해설서

'철학사'를 읽고, 호감이 가는 철학자도 생겼고, 그래서 원전을 펴 보니 너무 어려워서 읽을 수가 없다. 이럴 땐 어떻게 해야 할까요? 그럴 때 필요한 것이 '해설서'입니다. 스피노자의 경우라면 피에르-프랑수아 모로(Pierre-François Moreau)의 『스피노자 매뉴얼』, 칸트의 경우라면 이수영 선생님이 쓰신 『순수이성비판 강의』, 『실천이성비판 강의』 같은 책들이 있습니다. 해설서를 다 읽고 나서 원전으로 돌아올 수도 있고, 함께 읽어 갈 수도 있습니다. 어쨌든 요지는, 이 친구의 말을 못 알아듣겠으니, 그 말을 알아듣는 다른 친구의 도움을 받는 것입니다. 이렇게 관계를 확장해 보면 의외로 문제가 쉽게 풀릴 수 있습니다.

　그런데 어려운 텍스트가 어려운 이유는 무엇 때문일까요? 여기에는 크게 보아 두 가지 이유가 있습니다. 첫째는 상황과 조건의 불균형입니다. 해당 텍스트가 쓰여진 시기의 상황, 해당 철학자가 미묘한 어조로 문제 삼고 있는 당대의 특정한 사상같이 '특수한' 상황과 조건들을 우리가 모두 알 수 없기 때문에 빚어지는 문제입니다. 이 경우엔 검색의 도움을 받을 수 있습니다. 가령 플라톤의 대화편에 등장하는 수많은 신들과 당대의 인물들, 사건, 관습 등은 그것만 따로 정리해 놓은 책이 있지 않은 이상 '책'을 통해 알기란 쉽지 않습니다. 이 경우엔 해당 항목을 검색해 보면, 어딘가에 살 설명해 놓은 페이지를 찾을 수 있습니다. 외국어를 읽는

데 문제가 없다면, 원어로 검색을 해볼 수도 있고요. 이런 식으로 우리는 해당 텍스트가 놓여 있는 특수한 상황을 최대한 추적해 볼 수 있습니다. 원전이 어려운 두번째 이유는 문제 설정 자체가 어렵기 때문입니다. 말하자면, 해당 철학자가 설정하고 있는 '문제'를 나의 '상식'으로는 받아들일 수 없기 때문입니다. 가령 칸트는 '네 행위의 준칙이 보편적 입법의 원리일 수 있게끔 행동하라'고 말합니다. 우리는 '도덕'과 관련해서 무언가를 '하지 마라'라는 식의 내용을 갖는 '준칙들'에 익숙합니다. '살인하지 마라', '간음하지 마라', '욕심 부리지 마라' 같은 것들이지요. 그런데 칸트의 도덕법칙은 그런 식의 '내용'을 갖지 않습니다. 이러면 우리의 '상식' 수준에서는 이해하기가 어려워집니다. 그렇다고 우리가 '쉽게' 이해할 수 없는 말을 하는 칸트를 두고 '쉽게 쓰라'고 말하는 것은 '철학적 태도'가 아닙니다. 잘잘못은 나중에 가리고 칸트가 그렇게 말할 수밖에 없는 이유를 생각해야 합니다. '원망'은 이 생각을 하고 난 뒤에 해도 늦지 않습니다.

원전을 해설하는 '해설서'는 바로 이러한 조건적 차이, 그럴 수밖에 없는 이유들을 해설하여 원전과 우리 사이에 다리를 놓아 줍니다. 우리는 그러한 해설서의 도움을 받아 원전을 읽어 나갈 수 있습니다. 다만, 여기서도 '철학사'를 읽을 때와 같은 주의점이 있습니다. 말하자면 '해설서'의 내용에도 여전히 어떤 관점, 해설자의 철학이 배어 있다는 점입니다. 같은 원전에 대한 두 종의 해설서를 비교해 보는 것만으로도 그 점을 쉽게 알아차릴 수 있습니다. 그러면 해설서도 여러 권을 보아야 하는가 하면, 그러는 것이 좋기는 합니다. 그렇다고 해서 여러 해설서를 읽는 게 '필수'인 것은 아닙니다. 어쨌든 우리는 어떤 '원전'에 대한 해석이 다양할 수 있다는 것을 알고 있기 때문입니다. 다양한 해석이 가능하기 때문에, 우리는 '해설'의 내용 전체가 '유일한 해석'이 아니라는 것도 압니다. 따라서 '해설서'를 토대로 '이해'를 도모하고, 그 '이해'를 토대로 우리 자신의 '해석'을 생각해 볼 수 있는 겁니다. 이 작업을 잘 해낸다면, 이제는 '해설'을 평가하는 시야를 가질 수도 있게 됩니다.

거인의 어깨에 올라타는 두번째 방법 ― 세미나

지금까지는 '혼자' 읽는다는 걸 전제로 설명했습니다. 그런데, 저는 철학적 담론을 공부할 때는 되도록 여러 사람과 함께 읽는 '세미나'를 하는 것이 좋다고 생각합니다. 왜냐하면, 그렇게 해야만 내가 읽어 낸 것의 한계를 시험해 볼 수 있기 때문입니다. 말하자면, 나의 해석이 어느 정도의 설득력을 가지고 있는지, 다른 사람의 해석을 통해 나의 해석은 어떻게 수정되어야 하는지 등을 알아낼 수 있는 것이죠. 더불어 이 경우에는 모여 있는 사람들 모두가 비슷비슷하게 잘 모른다는 특출난 장점이 있습니다. '해설서'의 경우에는 해설서를 쓴 사람 자신이 해당 원전의 전문가인 경우가 많습니다. 그 말은, '잘 모르는 사람' 수준에서 볼 때, 그 저자는 '모든 것을 아는 사람'으로 보인다는 말입니다. 그런 이유에서 '해설서'의 '해설'은 의문의 여지를 남기지 않습니다. '해설서'의 말끔한 정리로 그 원전 전체를 파악하고 끝나 버립니다. 그런데 '잘 모르는 사람들'이 모여서 읽으면 어떻습니까? 그중에는 정말 얼토당토않은 말을 하는 사람이 있는가 하면, 말을 듣고 보니 혼자 읽으면서 가졌던 의문이 깔끔하게 풀리게 해주는 사람도 있습니다. 또 내내 듣기만 하는 사람이 있는가 하면, 전혀 중요한 것이라고 생각하지 않았던 부분에 꽂히는 사람도 있습니다. 이 다양한 사람들과 함께 원전을 읽어 가다 보면 원전을 읽는 나의 시야도 다양해집니다. 다시 말해, 그 수준에서 갈 수 있는 최대치의 독해까지 갈 확률이 혼자 읽을 때보다 훨씬 높아지는 셈입니다.

한 가지 중요한 것은 '함께 읽는다'고 해서 '혼자 읽는 것'

을 소홀히 해서는 안 된다는 점입니다. 해설서를 이용하고, 사실적 정보들을 인터넷에서 찾고, 혼자서 원전을 간신히 읽어 가는 것에 더해, 함께 읽고 이야기를 나누는 것이 필요하다는 말입니다. 이 과정 속에서 우리는 '원전'을 훨씬 더 강렬하게 만날 수 있게 됩니다.

다시, '철학함'으로

이렇게, 온갖 수단 방법을 동원하여 '담론적 철학'을 공부하는 이유는, '철학 분야의 지식'을 확대하는 것에 목적이 있지 않습니다. 그건 오히려 부수적으로 따라오는 '효과'입니다. 진짜 목표는 그러한 '담론적 철학'들을 공부함으로써 자신의 문제들을 풍부하게 만드는 것입니다. 앞에서 말한 스피노자의 철학과 변용 능력의 문제 같은 것들이 좋은 예가 될 수 있을 겁니다. 칸트의 도덕철학도 그렇고요. 어쨌든, 담론적 철학을 공부하다 보면, 그저 불만이나 괴로움, 허무감 같은 것들로 나타났던 것들에 '내용'이 채워집니다. 왜 그런가, 그런 문제들은 어떻게 발생하는가, 그건 어떻게 나에게 영향을 미치나 등등을 묻고 나름의 답을 하면서, 우리는 이전과는 다른 존재가 되어 갑니다. 저는 이게 '철학'을 공부하는 가장 큰 이유라고 생각합니다. 그렇게 공부를 해가다 보면 진짜로 다른 사람이 됩니다. 매일 하는 일이 달라지고, 만나는 사람이 달라지고, 사용하는 언어가 달라지고, 고민하는 문제가 달라지는 것 외에, 무엇이 바뀌어야 우리는 '변신'했다고 말할 수 있겠습니까. 우리가 주로 하는 일과 만나는 사람이 우리 자신입니다. 그런 점에서 철학 공부는 과거의 우리 자신을 넘어서게끔 해줍니다. 부단한 변신 속에서 보다 자유로워지는 우리가 될 수 있기를 바랍니다.

동양고전,
삶을 지탱하는 힘

길진숙

동양고전, 왜 공부해야 하는가

반갑습니다. 오늘은 '동양고전을 왜 공부해야 하는가'라는 주제로 이야기를 해보려 합니다. 처음 이 강의를 제안받았을 때는 사실 크게 고민을 하지 않았어요. 제가 동양고전을 공부한 지가 어느덧 40년이 되었고, 매우 익숙하다는 생각을 하고 있었거든요. 물론 아는 게 많다는 말은 아닙니다. 다른 걸 할 줄 몰라 그저 긴 시간을 고전과 함께했을 뿐입니다. 저에게 고전을 읽는다는 것은 이제는 특별한 일이 아니라 밥을 먹는 것과 같은 일이 되어 버렸습니다. 거의 매일 고전을 읽고 그걸 통해 '내가 어떻게 살고 있구나'라는 자기 이해 내지 자기 인식을 하고 있으니까, 여러분들께 고전을 왜 공부하는가를 말할 수 있지 않을까라고 가볍게 생각을 했던 거죠. 그런데 막상 강의를 준비하려니까 크게 부담스럽더라고요. 동양고전을 범주화해서 프로페셔널하게 이야기할 수 있는 역량과 시야를 갖추지 못했다는 자의식이 일어났습니다. 그래서 강의를 준비하면서 이런저런 책들도 좀 찾아 읽기도 했는데, 결국 그런 말들은 제 말이 아니어서, 그냥 제자신이 어떻게 동양고전을 만나고 공부하게 되었는지, 동양고전이 지금 나에게 어떤 의미인지를 중심으로 말씀드리는 것이 낫겠다는 생각을 했습니다. 지극히 개인적인 이야기일 수도 있지만, 이런 이야기가 동양고전을 공부하려는 분들께 조금이라도 도움이 되지 않을까 합니다. 사실 고전을 동양, 서양 이렇게 나눌 필요는 없는 것 같긴 해요. 하지만 제가 동양고전에서 출발했고 매력을 느꼈기 때문에, 동양고전에 대한 이야기에서 시작해 볼까 합니다.

신라 향가와 마주치다

저는 청소년기에 지극히 평범한 학생이었어요. 일탈은 꿈도 꿀 수 없었는데, 특별히 모범생이어서가 아니라 일탈을 하기엔 환경 자체가 소박하고 청정했어요. 그래서 킬링타임할 것이 별로 없고, 오락거리라고는 책 보는 것 말고는 없었어요. 책 보고 '주말의 명화' 기다렸다 시청하는 것이 제 청소년기의 문화 풍경이었죠. 그 덕에 소설책을 좋아하고 많이 읽었습니다. 중학교 이후로는 한국소설, 세계문학 같은 것들을 많이 읽었죠. 물론 18, 19세기에 나온 '고전'이라고 할 만한 명작소설들을 열심히 읽긴 했지만, 동서양 막론하고 철학이나 역사 분야의 고전과는 거리가 먼 상태였습니다.

그러다가 고전이라는 것이 특별한 느낌으로 다가왔던 경험을 하게 되는데요. 고등학교 2학년 때, 점심을 먹고 나서 졸음이 올 듯한 고요한 국어 시간이었거든요. 시공이 멈춘 듯 조용한 때가 있잖아요. 아이들은 졸고 있고, 선생님 목소리는 아득히 멀어지는 오후의 교실 느낌 있잖아요. 그날은 고전문학 시간이었는데, 선생님께서 「도천수대비가」(禱千手大悲歌)와 「제망매가」(祭亡妹歌) 이렇게 두 편의 향가(鄕歌)를 읽어 주시는 거예요.

도천수대비가

무릎을 낮추고	膝肹古召旀
두 손바닥을 모아	二尸掌音毛乎攴內良
천수관음 앞에	千手觀音叱前良中
기도 올립니다.	祈以攴白屋尸置內乎多

천 개의 손 천 개의 눈에서	千隱手□叱千隱目肹
한 손을 놓아 한 눈을 덜어	一等下叱放一等肹除惡支
두 눈 감은 저에게	二于萬隱吾羅
하나만이라도 주소서 하고	
매달립니다.	一等沙隱賜以古只內乎叱等邪
저에게 베풀어	
주신다면	阿邪也吾良遺知支賜尸等焉
그 자비심 얼마나	
큰 것이겠습니까	於冬矣用屋尸慈悲也根古

제망매가

삶과 죽음의 길은	生死路隱
여기 있음에 두려워지고	此矣有阿米次肹伊遣
너는 간다는 말도	吾隱去內如辭叱都
못 다 이르고 어찌 가느냐	毛如云遣去內尼叱古
어느 가을 이른 바람에	於內秋察早隱風未
이에 저에 떨어질 잎처럼	此矣彼矣浮良落尸葉如
한 가지에 나고	一等隱枝良出古
가는 곳 모르는구나	去奴隱處毛冬乎丁

| 아, 미타찰에서 만날 나는 | 阿也彌陀刹良逢乎吾 |
| 도 닦아 기다리겠노라 | 道修良待是古如 |

두 편 모두 출전은 일연(一然)의 『삼국유사』(三國遺事)입니다. 『삼국유사』가 쓰이지 않았다면 신라시대의 노래인 향가가 전해지지 않았을 텐데요. 어쨌든 선생님이 읽어 주는 이 두 노래를 들으면서 오감이 일깨워졌다고 할까요? 처음으로 과거의 어떤 시공과 연결이 되었다는 느낌을 받았던 겁니다. 시공의 벽을 넘어 신라 사람들의 마음과 통하고 있는 듯 어떤 감각이 자극되었다고 할까요.

두 노래 중에 「도천수대비가」를 먼저 말해 보죠. 향가는 그 노래가 지어진 배경이 기록되어 있어요. 「도천수대비가」가 나오게 된 서사는 이래요. 신라 경덕왕 때 딸을 가진 희명(希明)이라는 여인이 있었어요. 그런데 이 딸이 다섯 살에 갑자기 눈이 먼 거예요. 그래서 희명은 아이를 안고 천수관음상 앞에 가서 이 노래를 부르면서 기도를 했어요. 천수관음은 천 개의 손을 가지고 있는데, 그 손마다 눈이 달려 있다고 하죠. 이때, 천이라는 숫자는 딱 천 개가 아니라 수없이 많다는 것을 표현한 것입니다. 세상의 셀 수 없이 많은 불쌍한 존재들을 무량한 신체와 마음으로 어루만지는 보살이 천수관음이죠. 이분 앞에 가서 눈먼 딸을 위해 어머니가 간절한 마음으로 빌었던 겁니다.

관음보살 앞에 가서 빌던 한 어머니의 간곡한 마음이 청소년기의 저에게 굉장히 큰 정서적 울림을 주었던 겁니다. 특히 이 노래에서 가슴이 찡했던 것은 '천 개의 손에서 한 손만 움직여 한 눈만 덜어서 저의 아이에게 주소서'라고 기도하는 부분입니다. 두 눈을 다 뜨게 해 달라는 게 아니라 한 눈만이라도 뜨게 해 달라는 절실함이 강렬한 파동을 일으켰던 겁니다. 미사여구가 없는 어찌 보면 투박하고 어찌 보면 단순하고 간결한 기도에서 어머니의 가슴 저림과 진솔함이 전해졌습니다. 몸을 가진 존재의 병듦과 고통, 육체의 한계를 넘어서고 싶었던, 저 고대 신라인의 마음을 그날 처음 헤아리게 된 거죠.

그다음 「제망매가」는 죽은 누이동생을 제사 지내는 노래입니다. 월명사(月明師)라는 유명한 승려가 누이가 죽고 나서 제사를 지낼 때 이 노래를 불렀다고 합니다. 모든 존재에겐 삶이 주어지듯 죽음도 주어집니다. 누구에게나 닥치는 죽음의 길, 언제 닥칠지 모를뿐더러 피할 방법이 없기에 두렵습니다. 그런데 나보다 어린 동생이 먼저 세상을 떠났습니다. 그래서 월명은 한 나뭇가지에 달린 잎들 중에 어느 잎이 먼저 떨어질지 모른다고 노래합니다. 누구나 죽는다는 것, 그리고 죽음에 순서가 있지도 않다는 것, 그렇게 죽음은 갑작스럽게 우리 앞에 닥칩니다. 누이의 죽음에 대한 안타까움과 모든 존재들의 죽음에 대한 자각이 담담하면서도 슬프게 다가왔습니다. 누이를 잃은 월명이라는 승려의 개인적 슬픔과 함께 필멸하고 마는 유한한 생명체에 대한 보편적 슬픔으로 아련해졌달까요. 이 노래 또한 소박하지만, 애도를 넘어 죽음에 대한 근원적 인식으로 이어지는 게 놀라웠어요.

하지만 지은이가 승려이다 보니, 미타찰에서 만나기를 기다린다고 하죠. 미타찰은 아미타불이 계시는 서방의 극락정토를 말합니다. 극락정토에서 누이와 만나는 그날까지 도를 닦으며 기다리겠노라 노래합니다. 이때 저는 불교에 대한 지식이 하나도 없었어요. 그래서 도를 닦으면서 기다리겠다는 말이 매우 신비하게 들렸는데요. 이 부분에서 슬픔도 느꼈지만, 슬픔보다는 삶과 죽음을 다르게 받아들이고 있는 어떤 태도가 어렴풋하게 다가왔습니다. 고전은 흔히 진리를 담고 있다고 이야기를 하는데, 진리라는 딱딱한 이름이나 개념이 아니라, 어떤 정서적 고양감을 주는 것으로 고전을 만나게 된 것이지요.

이런 정서적 고양감이 존재에 대해 생각하게 되는 계기가 되었죠. 삶과 죽음의 문제, 그러니까 생로병사라고 하는 문제는 불교에서는 중요한 화두잖아요. 그때는 이런 것을 알지 못한 상태였는데, 향가와의 만남을 통해서, 아프고 죽는 문제에 대해서 우리가 어떤 태도를 가져야 할까에 대해서 막연하게나마 생각하게 되었던 것 같아요. 저한테는 매우 신기한 경험이었어요. 얼굴도 모르는 천 년 전의 사람과 감정적으로, 존재론적으로 연결되었다고 할까요. 무언가 승화된 감정이 그 순간 찰나적으로 들어왔다 나간 거죠.

본성에 대한 사유와 카타르시스

이 일을 계기로 저는 진로를 바꿨습니다. 이 한 찰나의 교감으로 오늘날까지 고전을 공부하게 될 줄 어찌 알았겠어요. 그전에는 역사 쪽에 마음이 갔었는데, 이 경험을 하고 나서 역사적 사건보다는, 인간 존재의 근원에 대해 탐구하고 인간의 정서적 흐름과 감수성을 다루는 문학을 해야겠다, 그것도 고전문학을 해야겠다고 마음을 바꾸게 되더라고요. 결정을 잘한 건지는 모르겠어요. 이 경험의 기저에 있는 불교적 사유 같은 것들을 알았다면 아마 철학과를 가지 않았을까 싶은데, 그런 것까지 몰랐기 때문에 문학, 그중에서도 고전문학을 해야겠다고 결심을 한 거죠.

이렇게 결정하는 데 별다른 계산이나 고민이 없었어요. 사실 어른들은 국문과는 '굶는 과'라고 했거든요. 그래서 집에서는 반대를 했었죠. 그런데 저는 아주 확고했어요. 존재의 근원을 탐구하고 마음을 탐구하는 문학을 할 수 있다면 가난해도 좋다는 생각을 했거든요. 소녀감성으로 생계 따위에 지기 싫었던 건지, 있어 보이려 그랬는지 모르지만 매우 단호하게 국문과 진학을 결정했어요.

고등학교를 다닐 때 저는 지극히 평범하고 평소에 별로 고민도 없어 보이는 얼굴을 하고 다니는 학생이었거든요. 겉으로 보기엔 해맑고 철딱서니 없는 애들 중의 한 명이었어요. 딱히 즐거울 것도 없고 슬플 일도 별로 없이 무난하게 청소년기를 지나는 것처럼 보였어요. 그렇더라도 안으로는 질풍노도의 감정들이 들끓고 있었어요. 선과 악 같은 문제, 가족에 대한 고민, 왜 이 모양 이 꼴인가, 뭘 하고 살까 등 중고등학교 때 나름의 치열한 고민을 품고 있었어요. '부모를 비롯해 기성세대에 대한 치밀어 오르는 저항심'도 깊숙이 똬리를 틀고 있었고, 사회에 대한 미움 같은 감정도 가지고 있었던 듯한데, 향가 두 편이 저에게 '세상을 좀 다르게 살계기', 혹은 '세상을 관찰하고 이해할 동기'를 던져 준 거죠. 이게 동양고전이 저에게 온 순간이었습니다.

그렇게 대학에 가고, 대학에서도 향가 연구자가 되어야겠다는 마음을 먹고 대학원도 갔고요. 그리고 향가를 낳은, 천년의 고도 신라 경주라는 장소성에도 관심을 갖게 되었고요. 그런데 석사 논문의 주제를 고민할 즈음, 향가를 포기했습니다. 공부를 더 해서 향가를 가지고 뭔가를 해보고 싶었는데, 「도천수대비가」와 「제망매가」에서 느낀 것 이상을 이야기하기가 어렵더라고요. 그래서 향가를 한편에 밀쳐놓고, 다른 고전을 선택하면서 국문과에 잘 온 건가 하는 고민을 좀 하게 되었죠.

그래도 저에게는 향가를 처음 들었을 때의 초심이 남아 있었어요. 그 초심을 확인하고 싶어서 갔던 곳이 바로 경주예요. 경주의 남산을 꼭 보고 싶었어요. 25살의 11월인가에 갔었는데, 날이 제법 따뜻했던 기억이 있어요. 사람도 하나 보이지 않는데, 혼자서 겁도 없이 남산을 올라갔는데요. 남산에는 마애불이 새겨져 있는 바위들이 많거든요. 아무도 없는 산속에서 마애불과 마주하면서, 「도천수대비가」의 관세음보살님을 마주한 것 같은 느낌을 받았습니다. 부처님을 바위에 새기는 사람들의 마음은 어땠을까 하는 상상을 하다 보니 고전에 대한 향념(向念)이 다시 살아나더라고요. 그때의 경주 남산은 굉장한 신령스러움을 간직하고 있으면서 마주한 사람에게 진실된 어떤 순간을 만들어 주는 공간이었어요. 마애불을 마주하며 걷는 가운데 잡념이 사라지고 차분해지더라고요.

바로 이런 느낌, 내 마음 깊숙하게 자리 잡고 있는, 그동안 가려졌던 어떤 본심과 연결되게 해준 것이 남산이라는 텍스트요, 고전이라는 텍스트였습니다. 이러한 힘으로 계속 문학을 하고 고전을 공부할 수 있었죠. 왜냐하면 당시는 고전을 하면 밥을 먹고 살 수 있을까 하는 고민을 하던 때였거든요. 돈 없어도 괜찮아 끼니만 해결하면 되지라고 말은 했지만, 막상 머리가 크니까 생계를 이을 수는 있을까 하는 고민이 커지더라고요. 그런데 그렇게 남산을 다녀오면서 다시 또 무서움이 사라진 겁니다. 무슨 자신감인지는 모르겠지만, 어쨌든 고전이 저에게 그런 힘을 주었던 것 같아요.

그런데 또 다른 한편으로 소설도 많이 읽었어요. 사실 서구 유럽의 소설들을 많이 읽었는데, 고등학교 때는 선악의 문제, 인간 구원의 문제 같은 것들에 대해서도 많이 생각했던 것 같아요. '인간이란 도대체 뭐지'라는 질문도 많이 던졌던 것 같고요. 대학 가서는 오히려 그런 생각을 별로 안 했는데, 고등학교 때 그런 생각을 많이 했거든요. 앙드레 지드(André Gide)의 『좁은 문』이나 도스토옙스키(Fyodor Mikhailovich Dostoevsky)의 『카라마조프가의 형제들』 같은 세계 명작들을 고등학교 2학년 때 읽었는데요. 당시 제 안에서 일어나던 갈망이나 불안이나 분노 같은 걸 이런 소설들을 통해 폭발시켰던 것 같아요. 스펀지로 물을 쫙 빨아들이듯이 감정적으로 쫙 빨아들였던 거죠. 인간의 운명에 대해서 연민하고 공감하고, 악한 인간들조차도 구원받을 수 있을까 하는 소설의 주제에 대해서 감정을 쏟아 내면서 카타르시스를 동시에 느꼈던 거죠.

이렇게 향가로 시작된 동양고전에 대한 관심과 소설에 대한 몰두가 제 사춘기 시절을 다스려 줬던 힘이었다고 생각합니다. 서구 소설들은 격렬하죠. 감정의 격렬함과 비극성이 나를 정화시켜 주는 면이 분명히 있었습니다. 감정의 정화라고 할까요, 인간에 대한 공감이라고 할까요. 인간의 본성이란 도대체 뭘까라는 고민을 서양 소설을 통해서 했다면, 동양고전은 역시 존재에 대한 물음을 던지면서도 매우 다른 방식으로 저에게 길을 제시했던 것 같아요. 도란 무엇인지, 불성이란 무엇인시, 관음보살 앞에서 빌고 있는 이 소박하고 욕심 없는 마음은 어떤 것인지를 생각하게 했죠.

지금 생각해 보면 이 두 가지가 다 중요했던 것 같아요. 소설이 나를 정화시켜 주고, 어떤 대상들에 대한 폭발할 것 같은 미움을 좀 정화시켜 주면서 우울증에 빠지거나 비행청소년이 되지 않도록 했다면, 다른 한쪽, 즉 동양고전은 생에 대한 자신감을 주었다고 할 수 있습니다. '돈을 많이 벌어야지'라거나 '성공해야지' 같은 생각을 해본 적이 없었어요. 왜 그런가 했더니 조금 과장하자면 고전을 공부하기로 마음을 굳혔기 때문인 것 같습니다.

좌절을 이기는 힘, 고전

신영복 선생님의 『담론』이라는 책을 아마 다들 읽으셨을 것 같은데요. 신영복 선생님은 통혁당 사건으로 잡혀 들어가서 무기징역을 선고받고, 20년 동안 수감생활을 하셨죠. 이렇게 무기수로 좁은 감옥에 갇혀 징역 생활을 하면서 책 구하기가 자유롭지 않았는데, 이때 선택한 책이 동양고전이었다고 합니다. 오래 읽을 수 있고 곱씹고 곱씹어야 의미가 들어오는 책이 동양고전이었던 거죠. 감옥에서 책을 자주 받을 수가 없으니까 한 권을 귀하게 오래오래 읽어야 하는데, 거기에 동양고전이 적합했던 거죠.

그래서 처음에 읽은 책이 『시경』, 그다음에 『주역』을 읽으셨다고 하는데, 두 책 모두 난해하잖아요. 이 난해한 책들을 조금씩 읽어 가셨다고 하더라고요. 이렇게 우리가 고전을 만나는 순간은 가지각색이지만, 결국 인생의 어떤 순간에 고전을 만나게 되는 것 같아요. 가장 어려울 때 혹은 가장 고민이 많을 때 그리고 인간이라는 존재 자체에 대한 질문이 막 폭발할 때, 그럴 때 나도 모르게 고전이 삶에 들어오는 게 아닌가라는 생각을 신영복 선생님 글을 보면서도 하게 됩니다.

신영복 선생님이 무기수로서 살게 되었을 때 얼마나 암담했겠습니까. 살고 싶지 않았을 겁니다. 그렇게 20여 년간 감옥생활을 하셨는데, 그때의 절망감이 얼마나 컸을지 가늠이 되지 않습니다. 그런데 신영복 선생님이 이런 말씀을 하시더라고요. 내가 자살하지 않은 이유는 감옥창으로 비치는 햇볕 때문이었다고요. 겨울 독방에 햇볕이 창살을 타고 들어오면 처음에는 선처럼 가늘게 비추다가 점차 신문지 크기만 하게 햇볕이 커진다는 거예요. 그 햇볕을 무릎 위에 쬐고 있을 때, 그 따스함은 살아 있음의 절정이었다고 합니다. 그

작은 햇볕만으로도 세상에 태어난 것은 손해가 아니라는 결론에 이르셨다고 하네요. 태어나지 않았더라면 햇살의 따스함이 삶의 절정임을 알지 못했을 테니까요.

　신영복 선생님에게는 햇살을 맞이하는 것, 동양고전을 통해 하루하루 깨우쳐 가는 것이 살아가는 이유였습니다. 문득 인간이 어떻게 살아야 하나를 매일매일 묻는 것, 그것 자체가 바로 삶이라는 말이 떠오르네요. 햇살과 동양고전은 어쩐지 하나의 텍스트 같습니다. 햇살은 살아 있어야 할 절대적 이유이며, 동시에 매일의 삶이 축복이자 환희임을 일깨워 줍니다. 동양고전은 삶을 물으면서 삶의 이유를 발견하게 합니다. 고전을 공부하면서 매일의 다름을 발견하는 것이 살아야 할 이유이고, 매일을 새롭게 살아내는 것이 삶의 과정입니다. 삶이 무언지를 물으면서 하루하루를 새로운 발견과 확장된 인식 속에 살게 해주는 힘이 동양고전에 있다고 생각합니다. 물론 서양고전에서도 찾을 수 있겠지만, 동양고전은 일상의 작고 미세한 활동 자체가 삶이요, 삶의 의미요, 삶의 이유임을 깨닫게 해줍니다. 우리의 도처에 살아야 할 이유가 있습니다. 먼 데 있지 않습니다.

『장자』와 『논어』가 찾아오다

이렇게 청년기에 동양고전을 만났는데요. 이런 마음이 계속 이어지지는 않았어요. 대학교에 가서 여러 가지를 맛보게 되죠. 삶을 즐길 여러 일들이 많고, 우여곡절도 겪게 되는데, 그 와중에도 동양고전을 읽지 않은 것은 아니었어요. 그런데 석사를 하고 박사를 하면서 계속 공부를 하다 보니까 고전이 재미가 없어졌어요. 고등학교 때 만난 신라 향가가 존재론적으로 육박해 왔다면, 대학에서는 그냥 공부를 하기 위해서 공부하는 느낌을 받았거든요. 그래서 어느 순간 참 재미없다는 생각을 하게 되더라고요. '이것이 내 길이다'라는 결심으로 국문학을 선택하고 대학원에서는 고전문학을 전공했는데, 존재를 걸 만큼의 고양감이라든가, '이게 전부다' 할 만한 깊이가 느껴지지 않았습니다. 전공 분야가 너무 한정되어 있고, 전공을 다루는 세계관도 편협했던 거지요. 그래서 답답하고 갈등이 많았습니다. 독서를 하며 어떤 것은 의미 있기도 했지만, 고전이 나를 엄습해 들어온다거나 삶을 좀 다르게 성찰하게 하거나 이런 것들이 되지는 않더라고요.

그러다가 40내에 삶의 방향을 확 틀게 해주는 경험을 하게 되는데요. 살다 보면 어려운 시간이 찾아오잖아요. 삶이 그렇게 쉽지가 않고, 늘상 문제에 부딪히게 되는데요. 그런 어려움을 겪게 되면서 실낱같은 단서를 잡게 되었는데, 그게 다시 동양고전이었습니다. 지금까지도 너무나 사랑하는 『장자』(莊子)라는 책을 만난 겁니다. 물론 『장자』라는 책을 그전에도 보았지만 처음 만났을 때부터 영향을 끼친 것은 아니었어요. 40대가 되어 『장자』를 읽어야 하는 순간이 찾아왔어요. 이런 만남은 내가 찾는다고 해서 되는 게 아니고, 어느 순간 마주치는 거라는 생각을 합니다. 어려움을 겪던 시기에 『장자』를 읽으면서 나 자신의 엄청난 욕심을 보게 된 겁니다. 삶에 한 번도 만족하지 않은 채로 매일 뭔가가 부족하다고 하면서 허덕거리는 나 자신을 보게 해준 것이 바로 『장자』였습니다.

당시에 저는 『장자』와 『논어』(論語)를 천천히 읽어 가고 있었는데요. 학교 연구소에 나가면서 동시에 〈수유너머〉에서도 공부를 하고 있었는데, 말씀드린 대로 학교에서의 연구는 너무 재미가 없었습니다. 대학의 아카데미에서 하는 전공 공부가 오히려 나를 좁게 만들고, 돈벌이 외에 삶에 어떤 의미가 있을까 회의를 하고 있던 차였습니다. 그러던 차 〈수유너머〉에서 『논어』와 『장자』를 읽었는데, 두 책 모두 굉장한 감동을 주었습니다.

『논어』, 어떻게 행동할 것인가?

먼저 『논어』에 대한 말씀을 잠깐 드리자면, 『논어』에 '극기복례'(克己復禮)라는 말이 나오죠. '자기를 극복하여 예로 돌아가라'라는 뜻인데, 『논어』 「안연」 편에 나오는 말입니다. 바로 이어서 이 극기복례를 실천하는 방법을, '비례물시'(非禮勿視), '비례물청'(非禮勿聽), '비례물언'(非禮勿言), '비례물동'(非禮勿動), 이렇게 네 가지로 이야기합니다. '사물장'(四勿章)이라고 부르는데요. '예가 아니면 보지 말고, 예가 아니면 듣지 말며, 예가 아니면 말하지 말고, 예가 아니면 행동하지 말라'는 뜻이죠. 보통 '예'라고 하면 예의범절 같은 걸 떠올리면서 고리타분한 꼰대의 꼬장이라고 생각하며 싫어하는데요. 이 부분을 읽으면서 '예'라는 것이 무엇일까 하는 질문이 일어났어요. '자기를 극복한다'라고 했을 때, 이 '자기'는 무엇일까? 사심이나 욕심, 자기가 가지고 있는 편견이나 선입견, 에고 같은 것이겠죠. 이런 걸 극복해서 예로 돌아가라고 하는데, 타자를 받아들이고 타자와 소화와 균형을 이루려면 에고를 내려놓지 않을 수 없겠지요. 에고를 내세우고, 이기적인 마음을 앞세우면 타자들과 연결되기 어렵겠지요. 바로 에고를 내려놓은 그 마음을 형식화한 것이 예입니다. 관계 속에서 느껴지는 마음을 상황에 맞게, 합당하게 표현하는 것이 '예'라고 할 수 있어요.

인간은 여러 인간들과 관계를 맺고, 주변의 여러 사물과 환경과 관계를 맺으면서 살아갑니다. 홀로 살 수 있는 존재는 없지요. 애초에 태어남 자체가 관계의 산물이잖아요. 그러니 어떤 관계 안으로 들어가느냐도 중요하지만, 더 핵심적인 문제는 관계 속에서 어떻게 행동해야 하는가이겠지요. '예'는 관계를 신성하게 만드는 기술, 표현형식, 절차입니다. 이렇게 '예'를 알고 행하는 것이 관계 속에서 우뚝 서는 일입니다. 말하자면 독립이요 자립입니다.

『논어』에서 '극기복례'에 대해 읽으면서, '나를 둘러싸고 있는 사람들이나 환경'과 어떤 관계에 놓여 있는지 고민해 본 적이 없다는 자각이 일어났어요. 물론 사람 사이에 지켜야 하는 기본적인 예의범절, 규율을 어기지는 않았지만, 관계 맺음을 '당한' 것처럼 살고 있었던 거예요. 그저 주어진 관계 속에서 에고를 잃을까 안간힘 쓰며 기계적으로 규범에 따랐을 뿐이지요. 제가 항상 헤아린 것은 '나는 무엇을 가져야 하는가'였더라고요. 공부를 하는 초심이 사라지고 교수가 될 수 있는지, 훌륭한 연구자로 비쳐질 수 있을지만 생각했던 거죠. 고전과 내가 맺는 관계에서 사심, 사욕만 폭발하고 있었던 겁니다. 다른 이의 마음을 헤아리며 관계를 신성하게 만드는 역량을 쌓는 건 상상조차 하지 못했어요. 그저 교양을 갖춘 자의 적당한 예의와 포장된 친절만 갖추면 되는 거 아닌가라는 참으로 위선적인 태도로 사람들을 대했던 거죠. 마치 계약 맺은 사람처럼 살았던 겁니다. 책과도 친구와의 관계도 죄다 이런 식이었지요. 이런 나에게 『논어』의 이 구절이 엄청난 고민거리를 던져 준 거죠.

앞에서 '사물'(四勿) 즉 하지 말아야 할 것을 말씀드렸는데, 『논어』에는 '사무'(四毋), 공자가 끊은 네 가지도 나옵니다. '무의'(毋意), '무필'(毋必), '무고'(毋固), '무아'(毋我)가 그것인데요. '무의'는 억측을 하지 않는 것을 말합니다. '무필'은 '반드시 그러해야 해'라고 하는 것이 없었다는 말이고요. '무고'는 고집을 부리지 않는 것, '무아'는 내가 없다는 말이죠. 불교에도 '무아'가 있죠. '나'라고 하는 고정된 타이틀에 자신을 묶어 놓는 것을 말합니다. 이걸 읽고도 고민에 빠졌습니다. 40대에 부여잡아야 한다고 생각했던 것들이 다 나의 욕심이었던 것은 아닐까라는 생각을 하게 되었고, 그러면서 내가 살아가고 있는 이 길이 잘 가는 길이 맞는지에 대해서도 다시 돌아보는 경험을 하게 되었습니다.

이반 일리치(Ivan Illich)는 "모든 존재는 소유밖에 생각하지 않는다"라는 말을 했어요. 우리는 존재 자체에 대해서는 생각을 하지 않는다는 거예요. 존재 자체의 가치, 존재가 가지는 의미 같은 것들은 전혀 생각하지 않고 무엇을 가질 것인지만 생각하며 산다는 겁니다. 그렇게 해서 모든 사람이 제도의 노예가 되어서 고독해지고 소외될 수밖에 없는 삶을 살게 된다고 말이에요. 그런데 당시에 나 자신이 그런 모습으로 살고 있었던 겁니다.

『장자』, 나의 윤리로 살고 있는가?

『장자』를 읽으면서도 이런 나의 모습과 마주쳤습니다. 『장자』「변무」 편에는 다음과 같은 말이 나옵니다.

스스로 자연스럽게 보지 않고 남에게 얽매여 보고 스스로 만족하지 못하고 남에게 사로잡혀 만족하는 자는 남의 만족으로 흡족해하고 스스로의 참된 만족을 얻지 못한 자이며, 또

남의 즐거움으로 즐거워하고 스스로의 참된 즐거움이 없는 자이다. 도대체 남의 즐거움을 즐거워하고 스스로 즐거워함이 없다면 도척과 백이는 본성을 잃었다는 점에서 마찬가지이다. 나는 참된 도덕 앞에서 부끄럽게 여긴다. 그래서 위로는 감히 인의(仁義)를 행하려 하지 않고 아래로는 빗나간 짓을 하려 하지 않는다.*

우리는 남의 장단에 춤추며 살아갑니다. 모든 것을 외부에 맞추면서 마치 주체적인 것처럼 살아가는 우리네 삶을 장자는 이렇게 꼬집었습니다. 내가 기준이 아니라 세상이 만들어 놓은 것을 기준으로 여기고, 남의 도덕을 내 도덕이라고 알고 삶을 산다는 겁니다. 내 스스로가 만들어 낸 나의 가치, 자발적·능동적으로 만들어 낸 나의 윤리를 가지고 살지 않고 늘 남의 도덕에 기대어 살고 있다는 말이죠. 도덕 자체가 나쁜 게 아니라, 니체가 말하는 식으로 도덕의 노예가 되어서 사는 삶을 장자는 비판하고 있습니다. 우리에게 정말로 중요한 것은 자기 마음을 돌보는 것이고, 자기 생을 돌보는 겁니다. 그리고 능동적으로 관계 맺는 것입니다.

---

* 장자, 『장자』, 안동림 역주, 현암사, 2010, 253~254쪽.

장자가 진단하길, 세상에는 고정되어 있는 중심이 없습니다. 세상은 끊임없이 변화합니다. 존재를 존재답게 하는 건 변화뿐입니다. 그런데 우리는 보편, 객관이라는 이름의 진리, 도덕, 상식, 법에 휘둘려 정작 돌봐야 할 것을 놓치고 살아갑니다. 영원히 정해진 룰도 도덕도 가치도 있을 수 없습니다. 세상에 던져진 모습 그대로를 긍정하면서 세계와의 끊임없는 연결 속에 자신과 세계를 지속해서 만들어 가는 과정 자체가 삶입니다. 외부로 향한 가치들을 나 자신으로 수렴해서 그것이 나에게 정말 중요한 가치인지를 물어야 한다는 것이 장자의 전언입니다.

그런 의미에서 장자는 회의주의자입니다. 장자는 세상이 옳다고 하는 것을 의심합니다. 그 옳음이 지금도 옳음인지, 그 옳음은 어디서 비롯되었는지, 그 옳음을 만들어 낸 조건은 무엇인지 근본적인 질문을 던집니다. 우리는 흔히 장자를 현실도피자, 은둔주의자라고 알고 있는데요. 실제로 『장자』를 읽어 보면 뒤통수가 서늘한 면이 있습니다. 저는 그런 서늘함을 40대에 느꼈던 거죠. '나는 삶의 주인으로 살고 있는가', '나는 내 운명의 주인이 맞는가'라는 질문을 『장자』를 읽으면서 하게 된 겁니다. 세상이 만들어 놓은 욕망에 갇혀서, 주류를 향해 달음박질하며 뒤처질까 두려워하는 나를 보게 되었습니다. 이미 많이 가졌음에도 모자란다고, 우울하고 절망적이라고, 세상이 원망스럽다고 입에 달고 다니던 40대의 제가 『장자』라는 거울에 비쳐지더군요.

40대에 모든 걸 거머쥐어야 된다고 야심만만했지만, 세상이 제 뜻대로 된다는 게 말이 되나요. 가당치도 않지요. 하지만 그때 저는 세상이 뜻대로 되지 않는다는 생각을 하지 못했어요. 실패를 겪지 않아서가 아니라, 열심히 안 했기 때문에 실패한 거라고 해석했어요. 의지를 가지고 열심히 하면 다 되는 거라고 생각을 했죠. 사는 게 만만하고, 세상에 대해 거만했기에 원한도 그만큼 크고 깊었습니다. 되는 일도 있고 안 되는 일도 있는 것이고, 안 된다고 해서 억울해할 필요도 없는데, 그런 이치를 몰랐습니다. 모든 것이 여러 인연들의, 여러 관계들의 산물임을 몰랐던 겁니다. 남들이 갖추는 건 나도 다 갖춰야겠다는 욕동이 멈추지를 않았습니다. 쉽사리 제어되지 않더라고요. 저는 주체의 자유의지를 절대적으로 신봉하는 근대인이었습니다. '욕망하는 대로 이루어지리라. 나의 이성이 욕망하는 대로 너를 인도하리라.'

장자는 이렇게 너 자신을 돌보며 살고 있는지 너 자신을 긍정하며 살고 있는지, 어떤 고정된 가치로 너 자신을 속박하며 부자유하게 사는 건 아닌지를 여러 가상의 인물을 등장시켜서, 그리고 여러 사물에 빗대어서 깨우쳐 줍니다. 앞서 공자의『논어』를 말씀드렸지만, 장자는 공자까지 주인공으로 등장시켜서 이야기를 풀어 나갑니다. 장자는 우리의 자아가 어떻게 구성되는지를 이해시킵니다. 만약 단단한 자아를 내려놓지 않고 오직 자아에만 매달리는 순간 어떤 것과도 소통할 수 없는 슬픈 사람으로, 거꾸로 매달린 사람으로 살아갈 수밖에 없다고 경고합니다. 자아비대증에 걸린, 음울하고도 욕심 사나운 자화상을 직시하지 않을 수 없었습니다.

이렇게『장자』를 읽으면서 제가 낱낱이 해부되고 해체되는 경험을 했습니다. 장자가 문제화하는 방식대로 하나하나 따져 봤더니 저는 너무 많이 가졌으면서도 더 가지겠다고 울부짖고 있었더라고요. 나는 평범한 삶을 살고자 할 뿐이라고, 평균의 삶을 살기를 바란다고 했지만, 사실 모든 것을 다 가지려고 하는 어마어마한 욕심 안에 갇혀 있었다는 사실을 깨닫게 된 겁니다. 평범한 삶이 얼마나 어려우며, 평균적 생활을 유지하는 게 얼마나 어려운 일인가요. 그럼에도 만족을 모르고 가지지 못한 것에만 시선을 두는 고약한 습성에 절어 있었던 겁니다. 아울러 고전을 공부하면서도 자의식만 키웠지 사람들과 어떻게 소통하고 어떻게 나눌지를 고민하지 않았다는 사실도 각성하게 되었어요. 서로를 신성하고도 이롭게 하는 '공덕'을 닦을 생각은 왜 할 수 없었을까요? 지행합일이 되지 않았다고 할 수 있지요. 앎과 삶의 간극에 괴로워하면서도 앎과 삶을 일치시키는 훈련을 한 번도 해본 적이 없었던 거지요. 『장자』를 만나면서 보게 된 겁니다.

망상을 깨는 망치

정치학과 교수인 김영민 선생님이 2019년 출간한 『우리가 간신히 희망할 수 있는 것』이라는 『논어』 에세이집이 있습니다. 이 책에서 저자는 고전이 만병통치약은 아니라고, 약 팔듯 고전을 팔지 말라고 합니다. "노화를 막거나, 우울증을 해결하거나, 요로결석을 치유하거나, 서구 문명의 병폐를 극복하거나, 21세기 한국정치의 대답을 찾거나, 환경문제를 해결하거나, 현대인의 소외를 극복하거나, 자본주의의 병폐를 치유할 길"*이 고전에는 없다고 합니다. 간신히 희망할

---

* 김영민, 『우리가 간신히 희망할 수 있는 것』, 사회평론, 2019, 17쪽.

수 있는 것은 텍스트를 읽을 줄 아는 사람이 되는 거라고 말합니다. 고전을 매개로 텍스트를 공들여 읽는 사람이 되자고 합니다. 고전의 지혜는 원래 있는 것이 아니라 텍스트를 공들여 읽고 스스로 생각한 독자 덕분에 살아 있게 되는 거라고 합니다. 고전 또한 역사적 텍스트요, 당대의 문제에 반응한 것입니다. 그러므로 텍스트의 컨텍스트를 읽을 수 있어야 합니다. 컨텍스트를 통해 텍스트가 드러낸 것과 침묵한 것을 읽어 낼 수 있는 감수성! 드러낸 것을 통해 감추어지고 침묵한 것을 꿰뚫을 수 있는 안목! 이래야 읽을 줄 아는 사람이자 공들여 읽는 사람이 되는 겁니다. 고전은 시공간상 현대의 외부에 있기에, 현대와 맥락이 다르기에, 서먹할 수밖에 없습니다. 그 서먹함이 우리를 타성의 늪으로부터 일으켜 세우고 새로운 상상의 지평을 열어 준다고 합니다. 우리가 무엇을 사유하고 무엇을 사유하지 않는지, 무엇을 무시하고 무엇에 사로잡혀 있는지를 적나라하게 반추하는 창, 그것이 고전입니다.

이반 일리치는 『깨달음의 혁명』이라는 책에서 "세상과 인류를 위해서 우리 자신이 할 수 있는 가장 큰 기여는 스스로의 마음을 돌이키는 것"이라는 이야기를 합니다. 혁명을 통해서 세상을 바꾸어 보려는 이들이 있기도 했고, 또 그런 노력으로 세상이 바뀌기도 했지만 근본적인 혁명이 된 것 같지는 않아요. 우리가 가진 소유의 욕망이나 독단, 권력의지 같은 것들을 통해서 일어나는 여러 문제들을 혁명이나 제도가 바꿔 주지는 못하잖아요. 그 결과가 양극화가 심화되고 서로가 서로를 소외시키는 삶의 구조가 만연한 우리 사회이기도 하고요. 이반 일리치는 자본가나 노동자나 지금과 같은 양극화와 특권화의 세상을 만든 데에 공동의 죄가 있다고 표현을 합니다. 노동자 역시 욕망을 가지고 있기 때문에, 스스로의 마음을 돌이키지 않는다면 세상에서 할 수 있는 일은 없습니다.

그래서 나에게 '고전을 공부한다는 것이 무엇일까', '안다는 게 무엇일까'라는 의문들이 들어왔을 때, 저 역시 앎을 실천하는 문제, 마음을 다스리는 문제에 봉착하게 된 겁니다. 그렇게 보면 고전 텍스트가 굉장히 무섭죠. 니체는 철학을 '망치'라고 했습니다. 철학은 망치를 휘둘러서 우리를 해체하죠. 저에게는 『장자』가 비대한 자아를 해체해 주는 망치 역할을 했습니다. 이게 저에게는 고전을 공부하는 이유가 되었던 거죠.

여기서 이반 일리치가 한 말을 하나 더 보아야 합니다. "티인의 눈에 깃든 환상은 보기 쉬워도, 자기 안에 숨은 망상은 보기 어렵다"라고 이야기를 했는데요. 이반 일리치의 말처럼, 타인의 욕심은 그냥 봐도 보이죠. 하지만 내 안에 숨겨 둔 진짜 욕심이나, 환상, 망상 같은 것들은 잘 보지 못합니다. 우리 자신이 어떤 존재인지를 우리는 생각하지 않고 사는 것 같거든요. 그런데 동양고전을 읽다 보면 나란 어떤 존재인가에 대해서 계속 되묻게 됩니다. 지금 너는 어떻게 살고 있는가를 계속해서 되묻게 해주는 문제의식들 그리고 그런 나를 벗어나서 어떻게 살아야 하는가라고 하는 그 시대 나름의 어떤 해답, 고전 텍스트는 이런 것들을 제시해 줍니다. 물론 서양철학에서도 해답을 찾을 수 있겠지만, 저는 동양고전에서 그 길을 찾았습니다. 동양고전은 나침반처럼 우리에게 방향을 알려 주고, 삶의 방향을 틀게 하기도 하고, 또 아주 진솔하고 신랄하게 나 자신을 보게 만들기도 하죠. 앞에서 김영민 선생님이 말했듯이 고전이 만병통치약은 될 수 없습니다. 그렇지만 고전을 읽을 줄 아는 사람이 됨으로써 적어도 자기 안에 갇히지는 않을 수 있다고 생각합니다. 각각의 컨텍스트를 읽어 낼 줄 안다면 자기연민이나 망상이나 망동 상태에서는 벗어날 수 있을 겁니다. 매우 혹독하게 자기 윤리를 만들고, 자기 가치를 만들도록 고전은 계속 우리를 밀어붙입니다. 특히 저에게는 『장자』라는 책이 그런 역할을 했고, 갈피를 잡지 못하던 상태에서 빠져나와 다시 공부할 수 있게 해주었습니다.

운명을 긍정하라

『장자』는 세상의 이치를 매우 긍정합니다. 다리가 하나 없거나 곱추이거나 혹이 달렸거나 하는 사람들이 편안하게 자기 운명을 긍정합니다. 삶도 죽음도 두려워하지 않습니다. 그 중 하나를 이야기해 보겠습니다.

얼마 있다가 자여가 병에 걸리자, 자사가 가서 병의 차도를 물으면서 말했다.

"기이하구나! 조물자가 그대를 이처럼 구부러지게 하였구나."

구부러진 곱사등이 등에 생겨 오장이 위에 붙고, 턱은 배꼽 아래에 숨고, 어깨는 이마보다도 높고, 상투는 하늘을 가리키고 있는데, 음양의 기(氣)가 조화를 잃어버렸는데도 그 마음은 한가로워 아무 일도 없는 것 같았다.

지여기 비틀비틀 걸이가 우물에 자기 모습을 비춰 보고는 말했다.

"아아! 저 조물자여, 거듭 나를 이처럼 구부러지게 하는구나."

자사가 말했다.

"그대는 그것이 싫은가?"

자여가 말했다.

"아니다. 내가 무엇을 싫어하겠는가. 가령 나의 왼쪽 팔뚝을 서서히 변화시켜서 닭이 되게 한다면, 나는 그것을 따라 새벽을 알리는 울음을 내게 할 것이고, 가령 나의 오른쪽 팔뚝을 서서히 변화시켜서 탄환이 되게 한다면 나는 그것을 따라 새구이를 구할 것이며, 가령 나의 궁둥이를 변화시켜서 수레바퀴가 되게 하고 나의 정신을 말[馬]이 되게 한다면, 나는 그것을 따라 수레를 탈 것이니 어찌 따로 수레에 멍에를 매겠는가.

게다가 생명을 얻는 것도 때를 따르는 것이며, 생명을 잃는 것도 때를 따르는 것이니, 태어나는 때를 편안히 맞이하고 죽는 때를 순하게 따르면 슬픔이나 즐거움 따위의 감정이 나의 마음에 들어올 수 없다.

이것이 옛날의 이른바 '거꾸로 매달렸다가 풀려났다'는 것이다. 그런데도 사람들이 스스로 풀려나지 못하는 것은, 사물이 그것을 묶어 놓고 있기 때문이다. 또 사물이 천(天, 自然)을 이기지 못한 지 오래되었는데 내가 또 무엇을 싫어하겠는가."*

장자에게는 삶도 과정이고 죽음도 과정입니다. 죽음이 끝이 아닙니다. 내 한 몸에서도 살면서 죽어 가는 것이 있고 죽으면서 사는 것이 있습니다. 우리는 삶과 죽음의 과정을 끊임없이 반복하고 있습니다. 우리 눈에는 생멸이지만 우주 차원에서는 드러났다 감추어졌다, 펼쳤다 접혔다, 모였다 흩어졌다고 말할 수 있겠지요. 인간이라는 존재로 태어났지만 기가 모여서 이루어진 것일 뿐 기가 흩어지면 사라지는 법, 다음에도 인간으로 태어나리라는 보장은 없습니다. 기가 모이면 무언가가 되겠지요. 이것이 삶과 죽음입니다. 그래서 위의 우화와 같은 경쾌한 긍정이 가능하겠죠. 왼쪽 팔이 닭이 되면 새벽을 알리면 되고, 오른팔이 탄환이 되면 새를 잡아서 새구이를 먹으면 되는 거라고 말이죠. 어떤 존재가 되어도 긍정합니다. 여기에는 부정이 없어요. 좋고 나쁨이나, 결핍 같은 것이 전혀 없습니다. 지금의 존재로서 충실

---

* 안병주·전호근 공역, 『역주 장자』 1, 전통문화연구회, 2002, 285~288쪽.

하게 사는 것, 그 존재됨을 만끽하는 무한 긍정의 충만감이
『장자』에는 넘쳐 납니다. 타고난 것을, 우리의 현재를 긍정
하며 살고 있는가를 돌아보게 만듭니다.

　산다는 건 힘든 일입니다. 수고롭지 않은 삶은 어디에도
없습니다. 구부리고 움직여야 사는 삶은 고단합니다. 이렇
게 볼 때 죽음이 다르게 사유됩니다. 장자는 죽음이 없다면
쉴 수가 없다고 합니다. 『장자』는 "대자연은 육체를 주어서
나를 이 세상에 살게 하며, 삶을 주어 나를 수고롭게 하며,
늙음으로 나를 편안하게 해주며, 죽음으로 나를 쉬게 한다"
라고 하고 있죠. 또 "편안히 잠들었다가 화들짝 깨어나는 것
그것이 모든 존재의 삶이자 죽음이다"라고도 이야기를 합
니다. 이런 걸 보면 사실 죽음은 축복이요 휴식입니다. 두려
워할 게 없는 거죠. 삶이 특별히 더 좋은 것도, 죽음이 더 나
쁜 것도 아닙니다. 우주적인 차원에서 보면 삶과 죽음이 모
두 한 찰나의 과정일 뿐이죠. 그렇다면 우리는 그 변화 가운
데에서 그 변화와 함께 살아가는 존재가 되는 것밖에 다른
방법은 없는 겁니다. 어떤 운명도 긍정하면서, 그 운명 위에
서 춤추며 갈 수 있는 존재가 되는 것, 이것이 바로 장자식
존재의 자유이자 해방이 아닐까 합니다.

동양고전, 절실한 질문들

『장자』를 가지고 말씀드렸지만, 존재를 바라보는 시선을 확장하고 전환시키는 것이 동양고전이라고 생각합니다. 그래서 저는 청년기에 가졌던 초심처럼 생계만 해결된다면 그나머지 시간은 고전을 읽으면서 노닐고 싶습니다. 우리는 생계 외의 시간에 어떻게든 즐겁게 놀려고 하지만, 이 놀이라고 하는 것은 대부분 중독성이 너무 강합니다. 하지만 동양고전은 아무리 읽어도 중독이 안 됩니다. 늘 거리 조정이 되죠. 또 동양고전은 혼자 읽을 수도 없습니다. 함께 읽고 함께 대화를 하면서 깨어나게 하는 것 그게 고전의 힘이라는 생각이 들고요. 그렇게 하면서 헛된 망상에 빠지지 않는 삶을 살 수 있게 해줍니다. 어떤 환상이나 우상 같은 것에 기대지 않으면서 지금-여기의 삶 그 자체를 기뻐할 수 있는 활기가 생겨난다고 감히 확신합니다.

'고전'(古典)이라고 할 때 '전'(典) 자는 탁자 위에 두루마리가 올려져 있는 모습을 표현한 글자입니다. 옛날에는 책이 다 두루마리였죠. 그런데 이 책들은 그냥 책이 아니라 훌륭한 선인들의 진리와 덕을 구현한 책들이잖아요. 그런 책들을 고선이라고 부르고요. 그런데 진리와 덕이라고 하면 너무 추상적이면서도 교훈적으로 들리죠. 고전 텍스트는 그 저자들이 자기 시대의 가장 절실한 문제들에 대해서 답을 구하고 있는 겁니다. 그리고 그 질문들은 가장 근본적인 질문들이죠. 인간 존재가 겪는 고통이 어디서 비롯되었는가, 이 고통을 넘어서 산다는 것은 어떤 것인가, 이런 질문들을 던지고 그에 대한 해답을 찾았던 것이 고전입니다.

그런데 이 동양고전이라는 영역의 범위를 어디까지라고 해야 할지는 잘 모르겠어요. 저는 한 100년 전까지는 고전이라고 해야 하지 않을까 합니다. 20세기 초반 중국의 루쉰(魯迅)이나, 일본의 유명한 소설가 나쓰메 소세키(夏目漱石) 같은 사람들의 작품들도 다 고전에 포함시킬 수 있습니다. 두 사람 다 소설을 썼습니다만, 이 소설들도 당대의 절실한 질문들을 던지고 있죠. 근대라고 하는 새로운 시대를 맞닥뜨리면서 인간 존재의 구원이 어디에 있는지, 혁명이란 무엇인지를 탐구하기 위해 소설을 썼던 것입니다. 이런 질문을 계속해서 묻고 답을 구한 흔적들을 담고 있는 근대의 작품들까지도 동양고전이라고 할 수 있고, 우리는 이런 언어들을 열심히 탐구할 필요가 있습니다.

저는 지금까지 여러 고전들을 읽으면서 사람들과 만나왔는데요. 그렇게 뜻이 맞는 사람들과 만나면서 외롭지 않게, 그리고 내가 가는 길이 크게 잘못된 길이 아니라는 것을 확인하면서 살아올 수가 있었고요. 그 과정에서 좀 더 좋은 사람이 된다는 것은 어떤 것일까를 고민하고 있습니다.

고전의 개방성과 무궁함

마지막으로 소동파의 「적벽부」를 소개하면서 첫번째 강의를 마칠까 합니다. 제가 정말 좋아하는 작품인데요.

소자(蘇子, 소동파)가 말하였다.
"손님도 저 강물과 달을 아는가?
흘러가는 것은 이와 같이 쉼 없이 흘러가나
아주 가 버려 없어진 적은 없고
달도 차고 이지러지는 것이 저와 같으나
결국 줄거나 늘어나지는 않았네.
변한다는 각도에서 보면
천지도 일순간을 멈추어 있지 못하지만
불변한다는 각도에서 보면
만물과 내가 모두 무궁하다네.

그러니 또 무엇을 부러워하겠는가?

또한 천지간에는

만물에 각기 주인이 있어

만일 나의 소유가 아니라면

비록 터럭 하나라도 가져선 안 될 것이나

오직 강 위의 맑은 바람과

산간의 밝은 달만은

귀로 들으면 음악이 되고

눈으로 보면 경치를 이루어

이를 가져가도 막는 이 없고

써도 다 없어지지 않으니

이는 조물주의 무한한 보배요

나와 그대가 함께 즐겨야 할 것이라네."*

참 아름다운 글입니다. 소동파는 정말 글을 잘 쓰는데
요. 일부를 인용했지만, 기회가 되면 전체를 읽어 보시기 바
랍니다. 인용한 부분에서 소동파가 이야기하고 있는 것처
럼 바람과 달은 주인이 없습니다. 바람이 귀로 들어오면 소

---

* 조규백 역주, 『소동파산문선』, 백산출판사, 2005, 161~162쪽.

리가 되고 달빛이 눈에 담기면 빛이 됩니다. 천지자연은 끊임없이 변하지만, 또 계속해서 반복됩니다. 물은 흘러가지만 다시 돌아오고, 우리의 삶과 죽음도 끊임없이 갈마듭니다. 물론 같은 모습으로 반복되는 것이 아니라 계속해서 다른 형태로 돌아오죠.

저는 고전도 마찬가지라고 생각합니다. 맑은 바람과 밝은 달을 우리가 즐긴다고 해서 막는 사람도 없고 닳아 없어지지도 않습니다. 고전 텍스트도 우리가 아무리 읽는다고 해도 없어지지 않습니다. 접근을 막는 사람도 없고요. 그리고 고전은 읽는 사람에 따라 각기 다른 파장으로 다가옵니다. 같은 사람이 열 번을 읽는다 해도 그 열 번이 다 다릅니다. 고전은 이렇게 풍부하고, 아무리 써도 닳지 않는 무궁함을 가지고 있다는 겁니다.

그리고 우리가 어떤 자리에서 어떤 고민을 하고 있건 고전을 만나면 그 고민과 부딪히는 지점들을 분명히 만날 수 있습니다. 현재 내가 겪고 있는 어떤 문제들에 대해서 신랄하고 예리하게 들여다볼 수 있게 해주고, 그렇게 함으로써 어떤 길을 열어 준다는 것, 이것이 우리가 고전 공부를 그치지 않는 이유가 아닐까 합니다.

에리히 프롬(Erich Fromm)은 인간이 육체적, 지적, 영적으로 자신의 가능성을 남김없이 펼칠 수 있게 해주는 것이 인문학이라고 했습니다. 저는 이 말이 동양고전에도 딱 들어맞는다고 생각합니다. 우리가 육체적으로나 지적으로, 영적으로 가지고 있는 가능성은 엄청납니다. 그 가능성을 현실화하는 원동력이 동양고전에 담겨 있다는 말씀을 드리면서 이 시간 강의를 마칠까 합니다.

동양고전, 어떻게 공부해야 할까

한문 공부, 어떻게 하면 좋은가

이번 시간에는 동양고전을 어떻게 공부해야 하는지를 말씀 드리려고 합니다. 우리가 동양고전을 공부한다고 하면 보통 한중일의 고전들이 떠오릅니다. 그런데 이 고전들이 거의 다 한문으로 쓰여 있잖아요. 그래서 동양고전을 공부할 때, 한문 공부를 어떻게 하면 좋은가 묻는 분들이 많습니다. 여기에서부터 시작해 볼까 합니다.

요즘은 이름난 고전의 경우 여러 종의 번역본이 출간되어 비교하면서 볼 수도 있어서, 처음에 공부를 할 때는 번역본으로 시작하는 것이 좋습니다. 다양한 고전을 다독하면서 고전의 언어에 익숙해져야 합니다. 고전이 탄생한 시대는 환경, 인어, 개념, 논리, 사유가 시금과 크게 자이 나기 때문에 한번에 이해하기 어렵습니다. 동양의 고전도 마찬가지입니다. 읽는 법을 훈련해야 하므로 지구력이 필요합니다.

번역된 고전에 빠져들기 시작하면 원문을 읽고자 하는 욕심이 분명히 생깁니다. 언어마다 사유의 패턴이 다르고, 뉘앙스가 다르기 때문에 원문을 읽으면 컨텍스트에 충실한 독해를 할 수 있기 때문입니다. 번역본으로도 의미가 충분히 들어오기는 하지만, 원문을 강독하게 되면 어떤 개념이나 내용이 눈길을 사로잡으며 소화해 달라고 웅성거립니다. 전체 맥락에서 스타일이나 의미가 더 분명하게 이해되는 경우가 많습니다. 공부를 할 때 듬성듬성 뛰어넘는 식으로 텍스트를 읽는 분들도 원문을 읽게 되면 보이지 않던 언어의 밀도와 사유의 강도를 포착할 수 있을 것입니다.

동양고전과 더 친숙해지고 깊게 공부하고 싶은 분들은 한문 공부를 하시면 되는데요. 저의 경우는 대학원에 진학하면서 본격적으로 한문 공부를 시작했습니다. 연구자료인 고전 텍스트가 번역되지 않은 경우가 많았기 때문에 한문 독해는 필수였습니다. 한문 공부를 시작하는 데 가장 좋은 텍스트는 중국의 고대 경전입니다. 한문 문법 기초교재를 일주일 정도 익힌 뒤, 바로『논어』,『맹자』,『중용』,『대학』을 떼고, 그다음에『시경』,『서경』을 떼거든요. 문법책을 따로 공부하지 않고 경전의 문장을 독해하면서 문법을 익히는 것도 무방합니다. 예전에는 사서삼경(四書三經)을 가르쳐 주는 스승들을 찾아다니면서 한문 공부를 했습니다. 저도 혼자 힘으로는 버거웠기 때문에, 여러 스승들을 찾아다녔는데요. 스승님께 배워도 스스로 반복해서 강독하지 않으면 문리가 트이지 않습니다. 한문 원전은 구두가 떼어 있지 않고, 문장부호, 단락 구분도 없기 때문에 구두를 뗄 수 있고, 문장에서 주어, 동사, 목적어, 서술어를 구별하여 해석할 줄 알면 문리에 통달했다고 할 수 있습니다. 모든 외국어가 그렇지만 읽고 외우고 반복하는 방법 외에 지름길은 없습니다.

공부를 시작할 때, 한문을 얼마나 아는지는 사실 상관이 없습니다. 천자문 공부를 겨우 시작했더라도 『논어』를 읽을 수 있습니다. 한자를 하나도 모르더라도 친구들과 함께한다면 『논어』나 『맹자』를 무턱대고 잡고 시작해도 한문을 읽고 해석하는 방법을 터득해 나갈 수가 있습니다. 포기하지 않고 느긋하게 조금씩 나아가다 보면, 읽는 재미도 생기고 실력이 축적되면서 한자의 음과 훈이 내 입에서 술술 나오게 되는 경험을 하실 수 있습니다.

함께 공부하는 기쁨

하지만 한문 강독을 혼자서 해야 하는 것은 아닙니다. 지난 시간에도 공부를 절대로 혼자 해서는 안 된다고 말씀을 드렸는데요. 저는 여럿이 모여 공부하는 걸 당연하게 여기던 세대라서 한문 강독도 친구랑 함께 했습니다. 친구하고 일주일에 한 번씩 시간을 정해서 3시간 동안 책을 읽는 겁니다. 구두도 떼어 있지 않은 한문책을 번갈아 강독하는 건데요. 당시에 선생님께는 『논어』, 『맹자』와 같은 유가 경전을 배우니까, 스터디를 할 때는 재미있는 책을 보고 싶어 야담집을 읽었습니다. 한문도 읽고 재미난 야담도 읽고 일석이조였지요. 『용재총화』(慵齋叢話), 『대동야승』(大東野乘) 같은 한문 야담집들을 읽었는데, 이 텍스트들은 번역본도 있었어요. 그래서 해석을 하다가 막히면 번역본을 보고 다시 해석해 보고 하면서 한문을 익혔습니다. 친구와 분량을 정해서 해석을 해오고 3시간 동안 하나하나 짚어 가면서 읽었습니다.

이렇게 꼼꼼히 짚어 가면서 읽는 게 중요한데요. 아주 쉬운 글자인 '볼 견'(見)만 하더라도 '보다'의 뜻만 가진 것이 아니잖아요. '드러날 현'을 뜻하기도 해서, 같은 글자라도 음과 뜻이 달라집니다. 이런 면에서 보면 한자는 경제적이고 편리한 글자입니다. 이 때문에 동아시아 공통의 문어가 되었는지도 모르겠네요. 한자는 한 글자로 여러 의미를 가리킬 수가 있고, 몇 글자로 문장이 만들어지기도 합니다. 또 같은 글자가 동사도 되고 명사도 되죠. 하나의 글자가 서로 반대되는 뜻을 가지기도 합니다. 이런 점에서 한자는 매우 유연하면서 변칙도 많은 언어라고 할 수 있습니다.

그런데 또 그런 점에서 어렵기도 하죠. 한문 공부를 시작할 때만 해도, 저는 기본 한자인 1,800자도 간신히 읽는 수준이었어요. 그래서 한문 스터디를 하려면 그 전날 꼬박 옥편을 찾아서 준비를 해 가야 했습니다. 거의 모든 글자가 모르는 글자라 어쩔 수가 없었던 것이지요. 물론 아는 글자라도 옥편 찾기는 필수였습니다. '볼 견'(見) 자를 알아도 문장에서 해석이 안 될 때가 많거든요. 그럼 또 옥편을 찾아서 다른 뜻이 있는지를 보아야 하는 거죠. 제가 친구랑 3년을 그렇게 읽었어요. 이 스터디 외에도 한문 원전을 읽는 모임이 있어서 3년 정도는 한문 공부에 매진했습니다. 그러다 보니 옥편이 너덜너덜해져서 두 번인가 교체를 했습니다. 그런데 그렇게 해도 당장은 머리에 안 남잖아요. 그래서 옥편에서 찾을 때마다 노트에 기록했습니다. 같은 글자를 몇 번이나 썼는지 헤아릴 수 없습니다. 하지만 모든 건 시간 싸움입니다. 그런 시간이 누적이 되니까 나중에는 옥편을 찾지 않아도 되는 순간이 오더라고요. 글자를 많이 찾지 않고도 그냥 읽을 수 있게 되었을 때 뿌듯했지요. 굉장히 어려운 벽자(僻字)도 알 수 있게 되었죠. 한 2년쯤 되었을 때부터 그런 글자들이 낯설지가 않게 되고 찾지 않아도 몇 가지 뜻을 갖고 있다는 정보도 인지가 되고요.

이렇게 꼼꼼히 강독하다 보면, 번역본에서는 두루뭉수리 지나가던 내용들을 다시 보게 됩니다. 번역본으로만 보면 걸리지 않는 내용이 너무 많거든요. 글자를 짚으면서 그 의미를 생각하다 보면 하나하나 다시 새기게 되더라고요. 저는 친구랑 만나서 3시간씩 읽었던 때에 한문 실력이 놀랄 정도로 늘었습니다. 둘이서 공부를 하니까 은근히 경쟁을 하게 되잖아요. 내가 아는 글자를 친구는 모를 때의 쾌감도 만만치 않습니다. 친구는 아는데 내가 모르면 약간 오기 같은 게 생겨서 다음엔 더 열심히 찾아가기도 하면서 한문 공부에 빠져들 수 있었습니다.

언어 공부와 사유의 확장

한문도 새로운 언어라고 할 수 있는데, 이렇게 낯선 언어를 익히는 과정에서 안 쓰던 뇌의 회로가 열리고 확장된다고 합니다. 우리의 머리는 생각하던 대로 생각합니다. 그런데 낯선 언어가 들어가면 뇌에 큰 자극이 가해지는 거지요. 이것도 한문을 포함해 새로운 언어를 배울 때 얻을 수 있는 장점입니다. 저는 요즘에 티베트어를 공부하고 있는데, 실력이 좀처럼 늘지는 않습니다. 매일 조금씩이라도 읽고 외워야 하는데, 하는 것도 아니고 안 하는 것도 아닌 상태인지라 여전히 티베트어 알파벳을 떠듬떠듬 읽는 수준에서 더 나아가지 못하고 있습니다. 그래도 조금씩 오래 한다는 생각으로 포기하지 않고 버티고 있습니다. 실력은 안 늘지만 티베트어를 배우는 시간 자체는 매우 즐겁습니다. 발음이 낯설고 글자가 낯설어서 그런 것 같습니다.

　『반야심경』(般若心經)을 티베트어로 읽었는데, 그 유명한 '색불이공 공불이색 색즉시공 공즉시색'(色不異空 空不異色 色卽是空 空卽是色 : 색이 공과 다르지 않고, 공이 색과 다르지 않으며, 색이 곧 공이고 공이 곧 색이다) 구절을 티베트어로 말하면 이렇게 됩니다. '똥빠르 남빠르 양닥빠르 제쑤 따오.

슉 똥빠오. 똥빠니 슉소. 슉레 똥빠니 쉔마인, 똥빠니레 끼양 슉 쉔마옌노.' 경전에 대해 이렇게 말하면 불경스럽지만 발음이 너무 재미있으니까 공부하면서 이것만 외우고 있는 겁니다. 아마도 한국 사람의 구강은 한국어 발음에 맞춰 발달해 있을 겁니다. 그런데 외국어를 말하면 안 쓰던 발음 기관을 쓰게 됩니다. 새로운 발음을 하면서 입안의 혀나 주변 근육을 활발하게 운동시키는 것도 몸을 건강하게 만드는 일이겠죠. 그래서 나이가 들수록 새로운 언어를 공부하는 것이 좋은 것 같습니다. 몸도 뇌도 유연해지고 활발발해지기 때문입니다.

우리가 나이 들고 시간을 보내기 위해서 이런저런 취미 생활도 하고 여행을 일삼아 다니는데, 이렇게 새로운 언어를 배우는 일에 재미를 느끼게 되면 다른 일을 좀 덜하게 됩니다. 물론 돈도 덜 쓰고요. 친구들하고 공부를 하면 더 열심히 준비를 해서 오늘은 완벽하게 번역을 해봐야지, 실력을 뽐내 봐야지 하는 마음이 들기도 하고요. 이런 식으로 3명이 되었든 4명이 되었든, 1년 2년 꾸준히 하다 보면, 어느덧 그 언어가 내 몸에 스며들겠지요. 실력이 느는지 안 느는지 의식하지 않고 원문 읽기를 계속하다 보면 우울증은 오다가도 달아나 버릴 겁니다.

무엇보다 우리가 읽으려고 하는 고전은 긴 세월 검증받은 '좋은 책'들이잖아요. 고전 공부를 한다는 것은 이 좋은 고전이 내 몸에 새겨지는 겁니다. 무의식에까지 새겨지겠지요. 특히 고전을 원문으로 소리를 내면서 읽는 것이 좋은데요. 한 글자 한 글자 새기고 그것을 또 소리 내서 읽는 이중의 과정을 통해서 고전의 내용이 온몸으로 훈습된다는 느낌이 확실히 들거든요. 무의식까지 청정하게 만드는 인생역전의 기회는 매일의 고전 읽기에 있다고 감히 주장해 봅니다.

　　이렇게 원문 읽는 즐거움을 말씀드렸는데, 여기서 또 주의할 것이 있습니다. 원문만을 중시해서도 안 된다는 겁니다. 한문 공부를 하는 많은 분들이 '원문주의자'인 경우가 많습니다. 한문 공부하는 것 자체에 빠져서 원문만 보고 계시는 분들이 많거든요. 고전을 읽는 이유가 고전의 개념들을 새기고 그 개념들로 생각의 길을 새롭게 열기 위함일 텐데, '원문주의'에 빠져 버리면 그런 해체와 확장이 어렵습니다. 원문 독해 자체에 의미를 둔다면 고전을 활용하기 어려워집니다. 고전을 배워 나를 배려하고 세상을 배려할 수 있게 현실화하는 작업이 반드시 수반되어야 합니다. 10년, 20년 『논어』, 『맹자』를 그냥 읽고 있어서는 생각이 확장되지 않고 새로운 관계도 만들어지지 않습니다. 그래서 원문을 보면서 꼭 번역본도 보고, 또 고전을 해설한 책들도 보아야 합니다. 여러 책들을 다양하게 접하면서 공부를 해야지 그 개념들이 오늘날 어떻게 받아들여지고 쓰이고 있는지, 지금의 내가 고전의 개념들을 어떻게 새롭게 마주할 수 있을지 탐구할 수 있습니다. 그렇게 해야 우리의 나태한 관성과 의식이 깨져 나가지 않을까요. 이렇게 마주치고 섞이는 것이 중요합니다. 원문주의자가 되어서는 절대로 그런 경지에는 갈 수 없다는 사실을 꼭 말씀드리고 싶습니다.

삶의 기술이 되는 공부

한문 공부를 중심으로 말씀을 드렸는데, 이런 공부들이 삶의 기술이 될 수 있도록 활용하는 게 중요합니다. 우리가 고전을 읽는 것도 그 내용을 새롭게 해석하고 내 삶을 풍성하게 만들기 위해서잖아요. 책을 읽으면서 내가 어떤 변형도 겪지 않는다면 소용이 없는 거죠. 책을 많이 읽었는데도, 꼬장꼬장하게 내가 알고 있는 범위 안에서만 계속 책을 해석하면 안 됩니다. 그렇게만 한다면 책을 읽을 필요가 없습니다. 이건 책 속으로 한 번도 들어가 본 적이 없는 겁니다. 책

속으로 들어가려면 앞서 말씀드린 대로 원문에만 빠져 있어서는 안 되고, 책을 해석하거나 해설한 책들을 많이 읽는 것이 좋습니다. 책과 진하게 교감하고 그 체험을 현실화해야 책이 살이 되고 피가 되는 것 아니겠어요.

또 동양고전이 좋다고 다른 책은 무시하고 동양고전만 읽어서도 안 됩니다. 많은 사람들이 서양의 근대는 끝났고, 거기서는 길을 찾을 수 없다고 말하죠. 그래서 동양의 오래된 지혜에서 길을 찾아야 한다고 이야기하는 사람도 많습니다. 오래된 지혜 속에 미래가 있다고 하면서 지금의 세계와 다른 대안적 세계를 고전을 읽으면서 찾아보려고 고투하는 분들도 있죠. 하지만 저는 동양고전만 읽는 것은 반대입니다. 정말 다양한 분야의 책을 읽어야 한다고 생각합니다. 동양을 극복하는 게 서양에 있고, 서양을 극복하는 게 동양에 있다는 식의 이분법적인 생각이 아니라, 현재에만 붙들려 있는 내 상식을 깨기 위해서 동서양의 책들을 종횡무진해야 한다고 생각합니다.

언어를 다양하게 접하고 공부해야 하는 것도 마찬가지 이유죠. 서양적 언어와 동양적 언어, 서양식 수사와 동양식 수사, 서양식 사유와 동양적 사유가 같이 만나서 섞이고 연결되어야 합니다. 저는 격정적 사유와 비극적 삶의 한계를 치열하게 보여 주는 것이 서양고전이라고 생각합니다. 그런 것들을 아주 화려하고 다채롭게 표현하는 것이 서양식 언어라고 생각을 하고요. 하지만 동양의 언어는 역설적이면서 굉장히 함축적이잖아요. 어떤 면에서는 지나치게 단순, 간결하기도 하고요. 그래서 한 마디 한 마디 곱씹어서 생각해야 합니다. 이렇게 표현의 방식, 사유의 방식에서 서양고전을 읽을 때와 동양고전을 읽을 때 차이가 분명히 존재하죠. 저는 동양고전을 읽으면서 그것을 언어화하는 것에 답답증을 많이 느꼈습니다. 이런 답답함을 뛰어넘으려 할 때, 그 한계를 돌파하고자 할 때 성격이 전혀 다른 책들을 같이 읽어야 합니다. 그러면 사유가 서로 충돌하고 뒤섞이면서 갈피가 잡힐 때가 있거든요.

여러 책을 읽어야 하는데, 동양고전을 처음 접하시는 분들께는 북드라망 출판사에서 나온 '낭송 28수' 시리즈 책들을 권해 드립니다. 우리가 꼭 읽어야 하는 동양고전들을 망라해 놓은 시리즈입니다. 완역을 한 것은 아니고 낭송하기에 좋은 부분을 발췌, 편집해서 만든 책이고요. 조선의 판소리나 중국의 『서유기』, 『홍루몽』, 『삼국지』 같은 소설들, 『논어』, 『맹자』, 『장자』, 『노자』 같은 제자백가의 책들이나 불경까지 망라하고 있어서, 동양고전을 공부하고 싶은데 뭘 읽어야 될지 잘 모르겠다고 하시는 분들은 이 시리즈에서 출발을 해보시면 어떨까 싶어요. 낭송을 위한 시리즈니까 소리 내서 읽는 것을 추천드립니다. 소리 내서 읽으면서 좋은 문장은 외워서 친구들과 나눠 보면 어떨까요?

판소리를 보면, 옛날 사람들은 어떻게 그렇게 입담이 좋을까 싶죠. 말을 잘하고 싶은 분들은 판소리를 골라 읽으셔도 좋을 것 같고요. 나를 돌아보고 세계와 어떻게 관계를 맺을지 생각해 보고 싶은 분들은 『논어』, 『맹자』, 『장자』, 『노자』 같은 책들이 좋겠죠. 번뇌와 괴로움에서 벗어나고 싶다면 불경 읽기를 적극 권유합니다.

그런데 『노자』나 『장자』, 불경 같은 책들은 쉽지가 않아요. 요새 카를 융(Carl Gustav Jung)의 책을 읽고 있는데, 융은 우리가 살고 있는 이 세계는 보이는 것이 전부가 아니라고 합니다. 사실 우리에게 보이지 않는데 무언가 작용하고 있는 것들이 많습니다. 『노자』나 『장자』나 불경은 우리가 인식할 수 없는 그 세계를 표현했어요. 어떻게 표현했냐 하면 역설로 표현을 합니다. 『장자』에 나오는 '대인불인'(大仁不仁) 같은 말이 그렇죠. '큰 인은 인하지 않다'라고 합니다. 천지사방 모든 존재를 배려하는 인은 인하다는 공식이나 매뉴얼에 국한될 수 없음을 이렇게 표현한 겁니다. 불경에서도 '가는 것도 아니고 오는 것도 아니다' 같은 역설의 표현들이 많죠. 모호하고 난해하지만, 세계를 있는 그대로 드러내고자 하는 고도의 인식 방법이라 할 수 있습니다. 세계는 언제나 되어 가는 과정 중에 있기에 단정적이고 지시적인 언어로는 이런 세계의 실상을 담아낼 수 없습니다.

　우리가 뚜렷하고 단일한 뜻만을 가진 언어로만 말하고 세상을 보게 되면, 보이지 않지만 나와 연결된 어떤 관계성의 세계를 망각하게 됩니다. 우리는 하나의 기준만 갖고 있지 않죠. '크다, 작다'라는 말을 할 때에도 사실 큰 것이 있기 때문에 작은 것이 있는 것이거든요. 대립되는 언어는 나란히 같이 생깁니다. 하나가 없으면 다른 하나도 사라집니다. 그래서 그 관계를 보아야 합니다. 더구나 어떤 기준에서는 어떤 것이 크고 어떤 것이 작다고 할 수 있지만, 또 어떤 기준에서는 앞에서 작다고 한 것이 큰 것이 될 수도 있는 거죠. 이런 다양체로서의 세계를 표현할 수 있는 말하기에 대한 고민으로부터 자유로울 수 있는 사람은 없습니다.

　『장자』나 『노자』에 이런 역설의 언어가 아주 많고, 불경도 당연히 역설의 언어로 이야기를 풀어 갑니다. 우리는 어떤 사람이 젊은 나이에 죽으면 요절했다고 하잖아요. 그런데 하루살이 입장에서 보면 그 젊은이가 요절한 건가요? 세상을 인간적인 기준이 아니라 우주적 차원에서 만물과의 네트워크로 본다면 우리가 보고 있는 것은 정말 단편적이라고 할 수 있습니다. 이렇게 보이지 않는 것을 보게 하는 것은 역설의 언어를 통해서밖에 표현할 수 없습니다. 역설은 지성의 측면에서 더 높은 단계에 상응하는 언어라고 할 수 있습니다. 우리는 뭐든지 단편적으로 보고 일희일비하거나, 세상을 다 안다고 자만하는데, 다른 관계에서 보면 내가 옳다고 하는 것이 절대로 옳을 수가 없다는 것이죠. 이런 것을 보게 해주는 것이 바로 역설의 언어고, 이를 통해서 세계에 대한 인식이 달라지게 됩니다. 이런 의미에서 불경이나 『노자』, 『장자』와 같은 고전의 언어에 익숙해지는 것이 필요하다고 생각합니다.

우리는 모든 일을 내가 한다고 생각하지만 내가 전부 하지 않았어요. 다른 모든 것과의 인연 속에서 무언가가 만들어지고 행해지는 건데 우리는 '내가 했어'라고 하는 주체의식이 너무 강하죠. 그러다 보니까 사람들과의 관계나 세상과의 관계망 같은 것들을 보지 못하여 독단에 빠지고 각박해지는 경우가 많습니다. 동양고전을 공부하는 건 이런 일방향성을 깨 나가는 수련이라고 해도 과언이 아닐 겁니다.

결국 공부의 핵심은 지금의 나를 돌아보는 데 있습니다.

내가 마주한 이 세계가 다른 이들에게도 똑같은 세계인지, 나는 어제와 똑같은 나인지와 같은 질문이 공부의 시작일 겁니다. 내가 지금 잘 살고 있는지, 내 생각은 올바른지, 내가 세계를 보는 방법, 세계와 맺는 관계가 적절한지, 이런 것들을 살피기 위해서 공부를 해야 하는데, 그러기 위해서 오래된 언어나 사유들과 마주치고 싸움을 벌이는 것이 중요합니다. 그럴 때 인식의 전환이 일어나거든요.

어떤 책을 공부해야 할까?

이런 공부를 위해서 읽어야 할 좋은 책들이 많죠. 앞서 말씀드린 '낭송 28수' 시리즈로 시작하시면 좋고요. 고미숙 선생님의 『열하일기, 웃음과 역설의 유쾌한 시공간』 같은 책도 '역설의 언어, 역설의 사유'가 어떤 것인지를 실험하기에 좋습니다. 제 개인적으로는 도올 김용옥 선생님의 『노자와 21세기』라는 책도 추천드립니다. 이 책에서 도올 선생님은 『노자』를 해설하는 데 그치지 않았어요. 오늘날 우리에게 『노자』가 왜 필요한지, 노자의 언어를 우리가 어떻게 해석해야 하는지를 보여 주고 있죠. 조금 어려울 수는 있지만 도올 선생님이 재미있게 쓰시기도 하고, 다른 노자 책보다 명료하게 해석해 놓은 면도 있어서 꼭 음미해 보기 바랍니다.

『장자』와 관련해서는 현암사에서 나온 오강남 선생님의 책이 좋습니다. 『장자』「내편」만 번역을 하고 해설을 붙여 놓은 책인데요. 책이 작아서 들고 다니기도 좋습니다. 이 책을 한 단락 한 단락 읽으면서 그 밑에 있는 해설을 읽으면 좋습니다. 바로 원전으로 들어가는 것보다 오강남 선생님의 해설을 통해 낯섦을 해소하고 들어가면 『장자』 이해가 깊어질 겁니다.

다음으로 불경에 관해서도 좋은 책이 많죠. 초기 불경에 대해서 일본 학자들이 쓴 책들도 좋고요. 고미숙 선생님이 초기 불교경전인 『숫타니파타』와 『동의보감』을 연결해서 쓴 『몸에서 자연으로, 마음에서 우주로』라는 책도 좋고, 『청년 붓다』라는 책도 한 번 읽어 보시길 권합니다. 이 책들에서는 초기 불경에 대한 이야기가 많이 나오는데요. 그동안 대승 불교 쪽 텍스트들은 많이 번역이 되고 읽히기도 했죠. 전에는 불교에 관심을 갖는 분들은 주로 『금강경』, 『반야심경』 같은 불경들을 읽었습니다. 요즘에는 초기 불경들이 대거 번역되고 있어요. 부처님이 깨달은 이후에 직접 말씀해 주셨던 내용이 고스란히 남겨 있다고 평가받는 경전이 초기 불경입니다. 대승불교와 관련된 책을 읽으면 형이상학적 개념들의 향연과 같아 이해가 어렵습니다. 초기 불경은 논리적이고 구체적이며 체계적인 데다가 눈높이에 맞는 자상한 설명이 있어 대승불교의 경전보다 부처님의 가르침을 이해하기에 용이합니다. 어떻게 이렇게 이성적이고 합리적으로 설법을 하셨는지 놀랍죠.

'빨리성전협회'의 전재성 선생님이 빨리어로 된 초기 불경을 번역하고 계시는데, 번역한 책들의 두께가 무지막지합니다. 주석도 깨알 같은 글씨로 자세히 달아 두어 눈은 좀 피로하지만, 불교 이해에 필요한 내용을 꼼꼼하게 기술하고 있으니, 주석까지 꼭 같이 읽는 것이 좋습니다.『숫타니파타』,『테라가타』등 방대한 경전들이 전재성 선생님 번역으로 나와 있습니다. 자신의 종교가 불교가 아니더라도 생로병사를 관통하는 진리가 무엇인지 알고 싶다면 초기 불경을 읽어야겠지요.

공동체 생활에서 어떻게 행동하고 어떻게 관계 맺으며 살아야 할지 고민한다면『테라가타』를 권하고 싶습니다. 이 책에는 부처님의 제자들이 승가공동체에서 수행하면서 겪는 좌충우돌의 실수들이 담겨 있습니다. 공동체 생활에서 지켜야 하는 크고 작은 계율들에 얽힌 갈등을 드라마틱하게 그리고 있습니다. '뭐 이런 것까지' 싶은 자잘한 생활 규칙에 얽힌 감정의 파고가 리얼하게 묘사되어 있어요. 공동생활을 이끄는 건 명분이 아니라 일상을 구성하는 자잘한 행위들임을 실감할 수 있습니다. 두껍지만 재미있는 일화들이 많이 나오는 경전인데, 그런 일화들을 통해 수행에 마음을 낸다는 것이 어떤 것이고 수행자로 살아간다는 것은 어떠해야 하는지가 친절하고 치밀하게 이야기되고 있습니다.

그중에서 쭐라반타카라는 부처님 제자 이야기가 생각나네요. 이 사람이 형하고 같이 출가를 했어요. 출가를 해서 부처님의 가르침을 외워야 하는데, 형은 잘 외우는데 동생은 정말 한 줄도 못 외우는 겁니다. 아무리 해도 안 되자 형이 동생에게 너는 수행할 자격이 없다고 떠나라고 하죠. 그런데 쭐라반타카는 수행이 하고 싶은 겁니다. 그래서 떠나지 못하고 눈물을 흘리고 있는데, 부처님께서 이걸 보고 '티끌 제거' 한 마디를 외우면서 청소를 하라고 하죠. 걸레를 들고 모든 곳을 닦고 다니다가 깨닫게 됩니다. '걸레로 사용한 천조각은 원래 청정했는데 업으로 획득된 몸 때문에 오염되어 변하게 됐구나. 무상하구나. 이 마음도 그렇구나.' 말하자면 '이 세상에 실체가 없구나, 무아구나' 하는 것을 깨달은 거죠. 그러니까 깨달음의 길이라는 것도 각자의 신체 상태나 지성의 상태에 따라서 다 다르다는 겁니다. 근기라고 하죠. 사람마다 근기가 다르고 그 근기에 맞춰서 깨달음의 길을 걸을 수 있다는 것을 초기 경전의 이야기가 보여 주고 있습니다.

이런 이야기에서 중요한 것은 발심을 내는 것입니다. 무언가를 깨닫고자 발심을 내고, 나는 어떤 사람이고 싶다는 서원을 마음속으로 가져야 하는 겁니다. 저는 여기서 감동을 느꼈는데요. 어떤 제자는 '탁발해 온 것을 잘 나눠 주는 사람이고 싶다'는 서원을 세우기도 하고, '도반들에게 자리를 공평하게 정해 주는 일을 잘하고 싶다'는 서원을 세우기도 합니다. 또 부처님이 말씀하신 것을 다 암송하는 것을 서원으로 세우는 제자도 있죠. 이런 식의 서원을 하나씩 내고 그 서원을 향해서 나아가는 것, 이것이 바로 불교에서 말하는 초발심이라고 할 수 있습니다.

그래서 지금 이 강의를 들으시는 분들도 공부를 하고자 하신다면 이런 서원을 하나씩 가지면 좋을 것 같아요. 이렇게 서원을 세우는 것이 공부하는 방법이기도 합니다. 가령 노자나 장자처럼 대자유한 존재가 되고 싶다는 서원을 세울 수도 있겠죠. 그런 서원을 세우고 대자유란 무엇인지, 노자나 장자는 대자유를 어떻게 이야기하고 있는지를 하나하나 터득해 가면서 나아가는 거죠. 물론 서원이 이렇게 클 필요는 없습니다. '나는 많이 먹지 않는 사람이 되고 싶다' 같은 서원을 세워도 되겠죠. 식탐이 너무 많으면 이런 서원을 세울 수도 있습니다. 심리적인 문제, 건강상의 문제가 식탐에서 온다는 것을 알고 먹는 것을 절제할 수 있는 사람이 되고자 하는 것도 서원일 수 있는 겁니다. 『노자』나 『장자』, 불경을 읽다 보면 서원으로 세울 수 있는 실마리를 찾을 수 있어요. 이 고전들에 나오는 인물들이나 말들이 나와 무관하지 않다는 생각이 들면서 마치 명상을 하는 것처럼 그 언어들이 나에게 들어옵니다. 저는 이런 상황이 기적이라고 생각하거든요. 책을 읽다가, 혹은 가르침을 듣다가 어떤 구절을 대하는 순간의 전율과 그로 인한 변화가 기적이지, 공중부양과 같은 게 기적일까요?

지난 시간에 제가 신라 향가에서부터 동양고전에 대한 관심이 시작되었다고 말씀을 드렸죠. 신라 향가는 『삼국유사』에 실려 있는데, 『삼국유사』나 『삼국사기』 같은 책들도 재미있게 읽었습니다. 그렇게 역사책들을 직접 읽으니까 학교에서 배운 역사에 대한 관념하고는 전혀 다르더라고요. 우리는 학교에서 근대적인 역사관에 의해 기술된 역사를 배웁니다. 역사는 직선처럼 발전해 나가아 되는 서라는 인식이 있고, 그런 역사의식을 가지고 살아가고 있는데,『삼국유사』나『삼국사기』와 같은 책들을 읽으면서 다른 식으로 역사를 생각할 수 있다는 것을 깨달았습니다. 그걸 책으로 쓰기도 했는데요. 그래서 역사를 좋아하는 사람이라면, 누가 정리하고 해설한 것이 아니라 고전으로 손꼽히는 역사 텍스트들을 읽으면서 과거의 거울에 비추어 오늘의 삶을 반추하는 시간을 내 보시기 바랍니다.

『고려사』나『조선왕조실록』같은 책도 도전해 볼 수 있습니다. 제가 공부하고 있는 〈사이재〉에서는『조선왕조실록』세미나가 10년 넘게 이루어지고 있는데요.『조선왕조실록』전체를 다 보고 있어요. 태조 이성계부터 성종 때까지 읽을 만한 이야기를 모아 '낭송 조선왕조실록' 시리즈를 출간하고 있습니다. 고려나 조선에 대해서 어떤 이미지를 가지고 있기가 쉬운데요. 실제로『고려사』나『조선왕조실록』같은 텍스트들을 읽으면 이 시대, 이 왕조에 대한 표상이 깨지면서 과거가 다르게 구성됩니다. 역사는 발전적이지도 않고, 목적적으로 진보하지도 않습니다. 각 시대마다의 불연속적 특이성이 있을 뿐입니다. 그 특이성을 발견하는 기쁨, 그 특이성 위에서 발현되는 정념의 향방이 역사를 읽는 재미일 겁니다. 이런 식으로 어떤 분야에 흥미를 가지고 있느냐에 따라서 동양고전 공부도 여러 방향으로 뻗어 나갈 수 있습니다. 어떤 책을 읽으면 거기서부터 꼬리를 물어서 계속 읽을 책이 생기고요. 그러다 보면 죽을 때까지 할 일이 생깁니다. 노년을 어떻게 보내야 할지 고민하는 분들이 많은데, 이렇게 고전을 읽어 나가면 고민이 사라집니다. 몸과 마음을 부지런히 움직이다 보면 노년이 되어도 어떤 사태에 대해 유연하게 대처할 수 있겠지요.

올리버 색스의 『깨어남』

요즘에 〈감이당〉, 〈남산강학원〉, 〈사이재〉 등 여러 공부 공동체 네트워크를 중심으로 해서 '북꼼'이라는 프로그램이 열리고 있습니다. 책을 읽어서 지구의 온도를 낮추고 북극곰을 살리자는 취지로 책 읽는 프로그램을 만들었어요. 새벽시간에 읽는 프로그램도 있고, 밤 늦게 읽는 프로그램도 있습니다. 저는 새벽 5시 20분에 여는 낭송 프로그램에 참여하고 있어요. 올리버 색스(Oliver Sacks)의 『깨어남』이라는 책을 읽는 중입니다. 새벽에 깨어나 온 세포를 깨어나게 해주는 올리버 색스에게 매일 감사하고 있어요.

어떤 책이냐 하면, 올리버 색스가 마운트카멜 병원이라는 요양병원에서 파킨슨병을 앓고 있는 환자들을 치료하면서 생긴 일들을 기록한 책입니다. 이 병원에는 길게는 40년 동안 입원해 있는 환자도 있었습니다. 파킨슨병은 도파민이라고 하는 신경 전달 물질이 부족해서 생기는 병입니다. 그래서 파킨슨병 환자들에겐 운동 과잉이거나 또는 운동 정지의 증상이 나타납니다. 환자들은 계속 잠에 빠져 모든 움직임이 정지된 상태로 있거나 아니면 움직임이 너무 빨라서 떨림 상태에 있거나 둘 중 하나였습니다.

그런데 1969년에 기적이 일어납니다. 도파민 전도체인 엘도파가 신약으로 개발되어 파킨슨병의 치료가 가능해졌기 때문입니다. 엘도파를 투약하면서 죽은 목숨으로 치부되었던 80명이 넘는 환자들이 폭발적으로 깨어나고 되살아난 것입니다. 흡사 지각대변동이 벌어지는 듯한 현장이 눈앞에 펼쳐졌을 때 병원에 있는 사람들 모두는 마법에 걸린 듯 감동과 흥분에 사로잡혔다고 합니다.

그 눈부신 깨어남의 축제는 오래가지 못했습니다. 인생은 그리 쉽게 희극으로 끝나지 않나 봅니다. 기적 같은 효능 뒤에 따라오는 부작용이 만만치 않았습니다. 환자들은 엘도파의 부작용으로 고통과 시련을 겪습니다. 올리버 색스는 엘도파의 기적 같은 효능도 민첩하게 세상에 알렸지만, 부작용 또한 숨기지 않고 용감하게 세상에 보고했습니다. 신약의 효과만을 선전하고 부작용은 숨기려는 의사들의 냉랭한 태도에도 불구하고 올리버 색스는 엘도파 복용의 실상을 그대로 전했습니다. 그 책이 『깨어남』입니다.

특이하게도 올리버 색스는 『깨어남』을 보고서처럼 쓰지 않았습니다. 환자의 전 생애와 병의 영향을 풍부하게 전달하고자 이야기식으로 서술합니다. 엘도파 복용 이전에는 어떤 증상이었고 엘도파를 투여하면서 어떤 식으로 변했는지, 환자 개인의 히스토리와 그들의 개성적 면모는 어떤지 등을 일대기처럼 기록했습니다. 병과 함께 살아가는 일상 그리고 그들의 죽음까지 자상하게 담았습니다. 올리버 색스는 병만을 다루는 의사가 아니라 환자의 인생 전체에 관심을 가진 의사였습니다.

올리버 색스는 환자들을 관찰하고 환자들과 대화하면서 그들의 병증에 대해, 그들의 병에 대한 태도에 대해, 그들의 인생관에 대해 배웠습니다. 파킨슨병에서 깨어난 환자들이 쓴 일기를 참조하고, 잠에 빠져 있는 상태가 어떤 것인지 환자들 스스로 말하고 쓰게 했습니다. 올리버 색스는 자신이 관찰한 환자의 상태를 환자에게 얘기하고, 환자는 스스로를 관찰해서 올리버 색스에게 얘기해 주었습니다. 올리버 색스는 환자에게 영향을 받으면서 환자에게 영향을 주었습니다. 그렇습니다.『깨어남』은 치유가 신약에 있는 게 아니라 의사와 환자의 상호작용에 있음을 이야기합니다.

엘도파 복용의 부작용으로 돌아가 볼까요. 엘도파의 기적을 경험한 직후, 의사도 환자도 엘도파를 계속 복용하면 파킨슨병을 앓기 이전의 건강 상태로 돌아갈 것이라 믿었습니다. 그럴 수 없는 현실에 맞닥뜨렸을 때 환자들과 그 가족들의 절망감은 이루 말할 수 없었겠지요. 그 어떤 약도 환자를 병 이전으로 회복시키지는 못합니다. 엘도파가 파킨슨병은 치료했지만 신체의 다른 기능에는 안 좋았던 겁니다. 약만 먹으면, 치료만 받으면 가장 건강했던 때의 신체로 돌아갈 거라고 기대하지만 그럴 수 없다는 것, 우리는 선택을 할 수밖에 없습니다. 올리버 색스의 환자들도 그랬습니다. 완전히 좌절하여 무기력하게 살거나, 더 센 처방을 받거나, 병을 친구 삼아 슬기로운 환자로 살거나.

저는 수십 년을 요양병원에서 생활했던 헤스터 Y와 프랜시스 D 부인의 서사가 참 좋았습니다. 헤스터 Y 부인 이야기를 해보죠. 그녀는 서른여섯 살에 운동마비 파킨슨 증세로 병원에 오게 되어 근 20년을 묶여 살았습니다. 그러다

기적의 엘도파를 투약받고 깨어났습니다. 씹고 걷고 일기를 쓸 수 있는 몸이 되었는데, 부작용이 찾아왔습니다. 이전의 운동마비 상태와 정반대의 증상을 겪게 된 겁니다. 동작은 엄청나게 빠르고 힘이 넘쳤으며 말하는 속도도 평소보다 두세 배 빨라집니다. 파닥거리고 무섭게 흥분하고, 광란 상태에서 비명을 질러 댔어요. 그런데 이런 고통스런 장애 가운데서도 쓰기를 멈추지 않았습니다. 이 고비를 극복하는 데 글쓰기 행위가 절박하게 필요했나 봅니다. 일기는 전부가 원망과 분노, 공포와 슬픔, 상실감이 뒤섞인 감정의 표출이었지만, 일기 쓰기 덕분에 고통스런 부작용을 견딜 수 있었습니다.

Y부인은 엘도파를 중단해 달라고 애원했고, 중단하자 다시 운동마비 상태가 됩니다. 양을 조절하여 엘도파 투약을 다시 시도합니다. 그후 40개월의 시도! 엘도파 복용 뒤 부작용은 멈추지 않았습니다. 놀라운 건 Y부인이 엘도파 부작용을 받아들이는 데 가장 대범하고 합리적이었으며, 관리하는 데 독창적이고 풍부한 지략을 발휘했다는 점입니다. 올리버 색스는 Y부인에 대해 이렇게 말합니다.

그녀는 오랜 기간 병을 앓으면서 자신의 성질과 증세를 아주 낱낱이 관찰하여 증세를 악화시키고 극복하고 우회할 독창적인 방법을 많이 고안했다. 가령 걷는 도중에 얼어붙는 증세가 일어나면 다양한 방법으로 동작을 해방시켰다.

Y부인이 예상했던 상태보다도 훨씬 자유로울 수 있었던 또 한 가지 요인은 그녀에게 부작용을 예방하거나 우회하거나 활용할 수 있는 독창적인 기교(프랜시스 D가 보여 주었던)가 있었다는 점이다. 두 여성 모두 뛰어난 기지와 기이한 병력의 소유자로서 천하의 신경학자라도 얻기 어려운 신경계에 대한 지식과 태도와 제어법을 터득했다. 이 환자들을 보면 도무지 누가 누구를 가르치는지 모를 지경이다. 나는 Y부인으로부터 엄청나게 많은 것을 배웠는데, 그녀도 아마 내게 뭔가 조금은 배웠으리라! 뿐만 아니라 Y부인은 병원 안팎에서 빙고 놀이를 하고, 영화를 보고 다른 환자들을 찾아다니고, 수시로 열리는 재활치료나 워크숍 대여섯 곳에 참여하고, 음악회나 시 낭송회, 철학 교실에 참석하고 (그녀가 가장 좋아하는) 소풍을 다니면서 늘 활동적으로 지낸다. 그녀는 마운트카멜 병원에서 누릴 수 있는 최고의 풍성한 삶을 살고 있다.[*]

---

[*] 올리버 색스, 『깨어남』, 이민아 옮김, 알마, 2012, 185~186쪽.

올리버 색스는 의사의 처방과 약만으로 병이 치료되는 건 아니라고 말합니다. 병의 일부분은 치료가 되지만 절대 이전의 건강상태로 회복되지는 않습니다. 치료는 완치된다기보다는 조금 덜 불편한 상태가 된다는 뜻입니다. Y부인처럼 환자 스스로 자신의 병과 부작용을 이해하는 게 필요합니다. 증상을 받아들이고, 증상에 대처할 수 있는 기술과 지혜를 기르는 것, 이것이 푸코(Michel Foucault)의 자기인식이요, 자기배려가 아닐까요. Y부인은 병을 정복하겠다고 싸우는 것도 아니고 병에 굴복하는 것도 아닌, 병을 알고 병을 다루고 병의 주인이 되는 길을 보여 줍니다.

Y부인의 집은 요양병원입니다. Y부인의 삶이 영위되는 곳이 요양병원입니다. 병원에도 삶이 있습니다. 글을 쓰고, 게임을 하고, 영화를 보고, 친구들과 수다 떨고, 재활치료도 받고 워크숍, 음악회, 시낭송회, 철학교실에 참여하고, 소풍도 갑니다. 병에도 삶에도 무기력하지 않습니다. 배우고 익히고 실천합니다. 글 쓰고 대화를 합니다. Y부인은 엘도파로 깨어났지만 그것만으로 깨어났다고 말할 수는 없습니다. Y부인이 부작용을 받아들이며 제약 조건 속에서도 활기차게 삶을 사는 것이 깨어남입니다. 한계 상황에서도, 극복할 수 없는 제약 속에도 자유가 있습니다. Y부인의 깨어남이

곧 자유겠지요. 병에서 배우고, 의사에게 배우고, 환자에게 배우고, 글 쓰며 배우고, 철학교실에서 배워 익힌 지혜와 기술을 자유자재로 활용하는 것이 깨어남이자 자유입니다.

마찬가지로 동양고전을 읽고 배우는 일에도 제약이 없습니다. 모든 배움에는 제약이 없습니다. 자신이 살아가는 현실, 그 제약적 조건이 배움의 장이므로 병을 탓하고, 환경을 탓하는 건 어리석은 태도입니다. 아프니까, 환경이 열악하니까 피가 되고 살이 되는 고전을 배워야 합니다. 그래야 Y부인처럼 병의 주인, 삶의 주인이 됩니다.

독서, 다양한 세계와 연결되기

앞에서 『논어』나 『맹자』 같은 기본 경전들부터 시작하면 좋다고 말씀을 드렸는데, 그런 책들을 좀 읽으신 다음에는 17세기, 18세기, 19세기 텍스트들에 도전해 보셔도 좋습니다. 이렇게 읽을 책이 많은데, 난 무엇부터 읽어야 할지 모르겠다 싶으면, 무엇이든 하나를 그냥 잡으면 됩니다. '난 소설을 좋아해' 하면 『서유기』를 먼저 보셔도 좋고요. 동양의 근대화 과정에 관심이 많아서, 전통사회와 근대 서구가 만나는 그 접점에서 사람들과 세상이 어떻게 바뀌는지를 보고 싶은 분들은 나쓰메 소세키나 루쉰 같은 사람의 책을 권해 드립니다. 서양의 근대도 아니고 동양의 전통사회도 아닌 그 접점에서 루쉰이나 소세키의 날카로운 시선이 향하는 그곳, 자기혁명 그리고 자기본위의 길을 찾아보십시오. 이런 작가들의 책은 무겁지가 않아요. 경쾌하면서도 깊이가 있습니다. 어떤 책으로 시작하든, 일단 시작하면 그다음은 저절로 결정될 겁니다.

그런데 내가 읽고 있는 책에 유토피아가 있다고 집착해서는 안 됩니다. 동양고전에만 진리가 있다고 생각하고 고집하는 것은 좋지 않다는 말입니다. 그렇다고 동양고전은 뒤처진 것이고 서양고전에만 진리나 유토피아가 있다고 믿어서도 안 됩니다. 결국 답은 내가 찾아야 하는 겁니다. 그러려면 이분법에 갇히지 말고 다양한 분야의 여러 텍스트를 다독할 것을 권합니다. 여러 분야를 망라해서 독서하면서 그 지식들을 상호 연결해 보면 새로운 아이디어가 생겨나지 않을까요? 요즘에는 동양고전과 양자물리학을 연결하거나, 생태학과 생물학과 동양고전을 연결시켜서 읽기도 하는데요. 이렇게 여러 분야를 크로스 해서 공부하면 다른 세계가 열리는 경험을 하실 수 있습니다. 음식을 편식하면 안 되

는 것처럼 책도 편식을 하지 않는 것이 중요하다는 말씀을
꼭 드리고 싶습니다.

고전을 활용하기

제가 요즘에 공부하고 있는 『주역』도 공부해 보실 것을 강력
하게 권합니다. 『주역』은 64괘로 이루어져 있죠. 이 64괘는
인간사에 펼쳐질 수 있는 64가지 국면을 말합니다. 이 64개
의 국면 각각은 다시 6개의 상황변화를 나타내는 6효로 이
루어져 있습니다. 『주역』을 공부하면 자신의 때를 알고, 여
러 관계가 얽힌 가운데 자신의 지정학적 위치가 어디인지를
알게 됩니다. 그야말로 타이밍을 알게 해줍니다. 지금 이러
한 때에 어떻게 말하고 행동할지, 때에 맞게 살고 있는지 등
등을 돌아보게 해줍니다. 더 자세한 설명을 하기는 어렵고,
한동안 온 나라를 떠들썩하게 했던 두 개의 괘만 말씀드리
고 넘어갈까 합니다.

　『주역』을 잘 모르시는 분들도 '화천대유'(火天大有)와 '천
화동인'(天火同人)이라는 괘 이름을 들어 보신 적이 있을 텐
데요. 두 괘의 이름에는 '화'(火)와 '천'(天)이라는 글자가 들어

가 있는데요. 각각 '불'과 '하늘'을 뜻하는 말입니다. 『주역』의 모든 괘는 하늘·땅·불·물·우레·바람·연못·산, 이 여덟 물상의 조합으로 구성되는데요. 그중에서 불이 위에 있고 하늘이 아래에 있는 것이 '대유'괘이고, 하늘이 위에 불이 아래에 있는 것이 '동인'괘입니다. 『주역』에 따르면 하늘이 위에 있고 불이 아래에 있는 모양은 사람들이 연대하는 모습이라고 합니다. 하늘 위에 불이 있는 '대유'괘는 크게 가진다는 말이고요.

'천화동인'과 '화천대유'로 우리 사회를 떠들썩하게 했던 사람들은 아마도 사람들을 많이 모아서 돈을 많이 벌자는 뜻으로 이 두 괘의 이름을 가져다 쓴 것 같은데요. 그런데 이건 잘못된 사용이라고 할 수 있습니다. 화천대유는 하늘 위의 해를 뜻하거든요. 해는 이 세상 구석구석을 비추죠. 그 빛이 비치지 않은 곳이 없는 것, 그것이 바로 대유입니다. 천하에 널리 쓰기 위해 크게 가지는 것입니다. 크게 가지는 것은 능력이기도 하고, 재물이기도 하고, 영토이기도, 인재이기도 하겠지요. 독점적으로 소유해서 나 혼자 잘 먹고 잘 살기 위해 크게 가지는 것이 아닙니다. 어떤 편법과 불법을 저지르더라도 돈을 많이 벌겠다는 생각과는 크게 다르죠.

『주역』을 서양에 번역해서 소개한 사람 중에 리하르트

빌헬름(Richard Wilhelm)이라는 독일 사람이 있습니다. 중국에 선교사로 왔다가 중국 고전에 빠져서 20년 넘게 공부를 하신 분인데요. 이분이 『주역』을 독일어로 번역을 했고, 그 책이 다시 영어로 번역되었습니다. 이 영어본을 지금 공부하고 있는데, 대유괘의 핵심적인 의미를 '모빌리티'(mobility, 이동성)와 '유틸리티'(utility, 유용성)로 설명합니다. 크게 가지면 가까운 데서부터 먼 데까지 이동시켜야 합니다. 그렇게 이동해서 유용하게 써야 됩니다. 크게 가진 것을 움직이고 활용하려면 겸손해야 합니다. 자신을 낮추고 어떤 존재라도 높이 받들 수 있어야 합니다. 햇빛은 구석구석을 널리 비추고, 만물은 모두 이 빛을 사용합니다. 빛은 누구도 빠뜨리지 않고 비추고 누구나 사용합니다. 빛은 차별을 모릅니다. 어느 누구에게나 따사로운 빛을 베풉니다. 그러면서도 빛은 혜택을 바라지 않습니다. 이것이야말로 자기를 낮추고 비워야 할 수 있는 행위입니다. 대유괘의 큰 소유가 담고 있는 의미는 이렇게 원대하고 자비롭습니다.

이런 해석은 우리의 예상과 너무나 다르죠. 보통 『주역』을 공부한다고 하면 점을 잘 쳐서 어디에서 '대박날까', 어떻게 해야 '이득을 얻을까'를 맞히는 거라고 생각하기 쉽죠. 세상에서 『주역』의 점괘를 이용하는 방법은 주술에 지나지 않습니다. 돈을 많이 벌고 싶은 사람들이 '천화동인', '화천대유' 같은 이름을 가져다 쓰는 건 비방이자 주술입니다. 실제 『주역』은 매우 다릅니다. 꼭 공부를 해서 확인해 보십시오. 원문을 열심히 읽고 외우다 보면 마음이 순순해질 것입니다. 그래서 『주역』을 일컬어 마음을 씻어 내는 책, '세심경'(洗心經)이라고 했습니다. 탐욕 부리지 말고 때에 맞게 말하고 행동하면서 마음의 정처를 잡으라고 알려 주는 책이 『주역』입니다.

공동체에서 『주역』을 공부하다 보면, 청년들이 너무 좋아합니다. 청년들과 저같이 나이 든 사람들이 『주역』을 같이 외우고, 점도 쳐 보고 그러면서 놀이처럼 공부를 합니다. 그렇게 공부하면서 서로 많은 말을 주고받습니다. 우리는 말을 많이 해야 합니다. 그냥 말이 아니라, 매일매일 공부하고 그 공부한 것을 나누는 말을 해야 합니다. 공부를 한다고 해서 열심히 읽기만 하고 입 꾹 다물고 안으로 삼키기만 해서는 안 됩니다. 작은 것 하나라도 배우고 터득한 것이 있다면 그걸 열심히 자랑해야 합니다. 이럴 때는 겸손하지 않아도 됩니다. 이게 바로 '모빌리티', '유틸리티'입니다. 내 지식이 움직이는 거죠. 나도 활용하고 다른 사람이 활용할 수도 있어야겠지요.

공부는 나누어야 합니다. 같이 읽고 외울 벗들을 모아 공부해도 좋고, 또 〈감이당〉이나 〈사이재〉, 〈남산강학원〉 같은 공부 공동체에 와서 공부해도 좋습니다. 공부는 삶을 잘 살기 위해 다지는 기초공사라고 생각합니다. 100세 시대에 뭘 하면서 노년을 보낼까 고민하지 말고 동양고전을 가지고 노는 걸 계획해 보십시오. 청년이 고전을 공부한다면 청년의 현실에 쓸 수 있게 해석하면서 사람들과 나누는 작업을 하면 되고요. 이렇게 모여 날로 날로 새로운 고전을 공부하다 보면, 나도 세상도 날로 날로 새로워질 겁니다. 적어도 폭력과 혐오는 날려 버릴 수 있지 않을까요? 그런 세상이 되도록 고전 읽기의 '모빌리티'와 '유틸리티'가 펼쳐지길 바랍니다.

인류학, 다른 삶에 대한 열정

오선민

인류학, 왜 공부해야 하는가

인류학이란 무엇인가?

코로나 이후, 전 지구가 하나로 호흡하고 있음을 실감하며 삽니다. 코로나는 내가 누구와 무엇을 나누고 있는지를 깊이 생각하게 한, 무시무시했지만 중요한 계기였습니다. 인류학은 바로 이 질문에 정직하게 매달리는 공부법입니다.

인류학의 역사

인류학의 역사는 제국주의와 함께 시작했습니다. 일반적으로 '아메리카'의 발견(1492)이 결정적이라고 봅니다. 유럽이 인도나 중국 등 바깥의 여러 문명에 대해 관심이 소흘했던 적은 없었습니다. 그런데 15세기 대항해시대 이후 유럽인들의 시야에 들어온 아메리카는 그 이전의 타자와는 달랐습니다. 인간 '이하'로 보였기 때문입니다. 그러므로 그들을 지배하고 착취하는 것은 당연했습니다. 이런 관점을 가진 이들이 인류학의 첫번째 세대를 구성합니다.

> 멕시코 대학의 오리츠 데 히노호사 박사는 1585년의 성직자 회의를 그린 비망록에서 신스페인의 일부 언어를 접근하기 어렵고 이해하기도 어려워 인간의 것이 아니라 자연에서 온 것으로, 어떤 종류의 문자로도 받아 적을 수 없고, 목구멍에 달라붙는 후두음이어서 거의 발음할 수 없는, 알아듣기 힘든 새나 짐승들의 시끄러운 소리로 묘사했다.[*]

학문은 객관성을 표방하지요. 그런데 어떤 '객관'을 주장한다 해도 대상을 바라보는 자가 자기 위치를 반성하지 못한다면, 그때의 타자는 관찰자의 거울 이미지에 지나지 않게 됩니다. 이렇게 만들어진 타자에 대한 지식은 객관적이기보다는 오히려 그 관찰자의 편견과 오만을 드러냅니다.

---

[*] J. H. Elliott, *The Discovery of America and the Discovery of Man*, London : Oxford University Press, 1972, p.16. 버나드 맥그레인, 『인류학을 넘어서』, 안경주 옮김, 이학사, 2018, 39쪽에서 재인용.

19세기 후반부터 20세기 초까지 인류학의 두번째 세대는 이렇게 편협한 1세대 인류학을 비판하면서 나왔습니다. 여기에 결정적인 역할을 한 것은 '지질학'입니다. 찰스 라이엘(Charles Lyell, 1797~1875)의 『지질학의 원리』(1830), 찰스 다윈(Charles Darwin, 1809~1882)의 『종의 기원』(1859)이 나왔고, 여기에 감발받아 인류학자 에드워드 타일러(Edward Burnett Tylor, 1832~1917)가 『원시 문화』(1871)를 썼습니다. 당대 지질학은 그동안 겨우 6000년에 불과하다고 여겨졌던 인류의 역사가 훨씬 더 오래되었다고 주장했고, 장대한 지질학적 시간 안에서 인류가 점점 더 발전하고 있다고 했습니다. 여기에서 '선사' 혹은 '원시'는 기독교에서 말하는 '창조 이전'이 아니었습니다. 지구는 신 없이 창조되었죠. 2세대 인류학은 지구 생물의 진화를 단선적으로 이해하면서, '미개한 인류'가 '문명화된 인류'로 나아가는 거라고 보았습니다.

우리는 문명이 세계를 가로지르는 인격적 인물인 양 상상해볼 수 있을 것이다. 우리는 그녀가 도중에 지체하거나 쉬는 것을, 그리고 종종 길을 벗어나서 오래전에 지나왔던 곳으로 고생스럽게 돌아가게 하는 길로 접어드는 것을 목격한다.

그렇지만 바로 가든 둘러 가든 그녀의 길은 앞을 향해 나 있으며, 만약 그녀가 몇 보를 뒷걸음질하려고 시도한다면, 그녀의 걸음은 곧 속수무책으로 휘청거리게 된다. 이는 그녀의 본성에 따른 행동이 아니며, 그녀의 발은 자기 뒤로 불확실한 걸음을 떼도록 만들어지지 않았다. 왜냐하면 앞을 향한 시야와 앞으로 나아가는 걸음걸이 모두에서 그녀는 진정 인간적인 유형에 속하기 때문이다.[*]

타일러는 미개 사회가 선사 시대의 인류를 재현한다고 생각했습니다. 타일러는 인류의 진화사를 공간적으로 확정하면서, '아마존에서는 1막이 재현되고 뉴기니에서는 2막이 재현된다'는 식으로 지도 위의 점들을 진보하는 시간의 공간적 좌표로 생각했습니다. 19세기가 되면 이제 유럽도 비유럽도 '인류'인 한에서 '우리 인간'이 됩니다. 미개한 야만인은 계몽의 대상이 되었고, 여기에 제국주의가 결합했습니다. 그들은 백인의 가르침을 통해 문명화되어야만 합니다. 그들은 인류가 극복해야 할 것이 무엇인지를 거듭 알려 주

---

[*] 에드워드 비넷 타일러, 『원시문화 : 신화, 철학, 종교, 언어, 기술, 그리고 관습의 발달에 관한 연구』 1권, 유기쁨 옮김, 2018, 103쪽.

는 반면교사들인 것입니다.

'인간'에 대한 폭넓은 정의를 찾으려 했던 2세대 인류학의 분위기 속에서, 20세기 중반이 되면 유럽이나 미국 쪽에서 계몽주의의 타자 착취 문제를 비판하는 인류학이 대두합니다. 인류학적 타자 즉 미개인들은 이제 제국주의자들의 폭력을 비판하는 수단이 되었습니다. 아프리카나 아마존에서 지금도 살아가고 있는 '인류의 고대'는 극복해야 할 대상이 아니라, 현재 인류가 놓친 원초적이며 순수한 인간성의 보고라는 것이지요. 비인간적으로 자본화된 개인주의를 비판했던 유럽의 인류학자들에게 공동체적 호혜가 작동하는 열대의 전통사회는 '회복해야 할' 가치를 간직한 것으로 보였습니다.

1세대 인류학이나 2세대 인류학 모두 큰 틀에서는 같은 전제를 공유한다고 할 수 있습니다. 두 계파의 학자들은 유럽과 비유럽을 배타적 카테고리로 분류합니다. 어느 쪽이 선하든 간에 '자기' 즉 '현대 유럽'이 타자를 바라보는 기준입니다. 그러므로 야생의 타자를 비판하든 칭찬하든, 결국 인류학은 백인들에 대해서밖에 이야기하지 않은 것이 됩니다. 도처에서 자기 얼굴만 찾아다니는 편협한 시선에 굳이 '인류학'이라는 이름을 붙이다니 참으로 어리석고 오만하다 할 수 있겠습니다.

자아와 타자의 이분법을 넘어서

자기와 타자의 견고한 이분법을 넘어서서 '인류' 자체에 대해 생각해 보기를 꿈꾼 인류학자가 있습니다. 레비-스트로스(Claude Lévi-Strauss, 1908~2009)입니다. 레비-스트로스의 고민도 '타자'였습니다. 애초에 그는 인류학자가 될 생각은 없었습니다만, 자기를 기준으로 타인의 삶을 비판하는 지적 태도가 프랑스 학계에 만연하다는 것을 알고 무척 괴로워했습니다. 레비-스트로스는 자기와 타자의 변증법이야말로 유아적이라고 보았습니다. 그는 거울에 자기를 비춰 보는 것에서만 기쁨을 느끼는 나르시시즘을 넘어 보다 넓은 관점에서 세상을 바라볼 수 있는 사고법을 찾고 싶었습니다.

학자로서 레비-스트로스의 첫번째 관심은 어떻게 하면 유럽식 '자기중심주의'를 떨쳐 낼 수 있을까였습니다. 그러니 결국 '타자'를 어떻게 바라보아야 하는지에 대한 질문으로 넘어갈 수밖에 없었겠지요. 레비-스트로스는 그러한 고민을 안고 1935년에 브라질 상파울루 대학의 교수가 되어 남아메리카 아마존의 숲으로 들어갔습니다. 그리고 보로로족, 카두베오족 등 다양한 부족 사람들을 만나 열대식 사고법을 배웠습니다.

여기서 잠깐 민족학과 인류학을 구분해서 말씀드려야겠습니다. 민족학이란 말 그대로 특정한 장소에서 사람들이 만들어 낸 습속의 총체를 연구하는 학문입니다. 여기서 중시되는 것은 그 민족의 특수성입니다. 만약 레비-스트로스가 '보로로족의 혼인 생활'이라는 주제로 연구했다면 그는 민족학자가 됩니다. 그런데 레비-스트로스는 보로로족이나 카두베오족을 전부 인류의 구성원으로 보았고, 각각의 문화적 차이를 초월하는 인류 공통의 근원적 사고법을 통찰해 냈습니다. 그것이 『슬픈 열대』(1955)와 『야생의 사고』(1962), 『신화학』(1964~1971)입니다. 레비-스트로스는 이 책들에서 유럽식 철학을 그저 하나의 사고의 예로 넣고 논했습니다.

이처럼 인류학은 개별 민족지(民族知)를 넘어서서 인류 보편의 사고 형식을 밝히려고 합니다. 이런 입장에서 본다면 앞에서 말씀드린 1세대 인류학이나 2세대 인류학 모두 '민족지'라고 할 수 있습니다. '야만(비서양)에서 문명(서양)으로'라고 하는 단선적 문명사관에 바탕을 두었다 해서 너나 할 것 없이 '인류학'임을 자청했지만, 따지고 보면 전부

'서양인이 어떻게 편협하게 사고하는가?'를 조사한 '서양민 족학'이었습니다.

레비-스트로스의 세부 작업에 대해 조금 더 말씀드리 겠습니다. 우선, 레비-스트로스는 누구라도 자기중심적이 지 않기가 대단히 어렵다는 점을 받아들였습니다. 우리는 태어나는 바로 그 순간부터 부모님에게서 듣고 선생님에게 서 배운 하나하나의 지식과 행동 양식으로 자기를 만듭니 다. 객관적 시점을 가지려면 우주에서 혼자 태어날 수밖에 없어요. 그런데 우주에서 혼자 태어난 사람을 두고 인간이 라고 할 수 있을까요? 중력에 영향을 받지 않을 터이니 직 립보행을 한다고 하는 생물학적 인간 정의에도 맞지 않는 존재이겠지요.

레비-스트로스는 남과 여, 권력, 개인과 사회 등의 서유 럽 인문학 용어를 비교 분석의 도구로 사용하면서, 그러한 도구들의 조합이 민족마다 부족마다 얼마나 다채로울 수 있 는지를 정리해 보였습니다. 그럼으로써 서양중심주의, 나- 중심주의를 하나의 '방법론'의 차원으로 떨어지게 했습니 다.

레비-스트로스의 가장 큰 공헌은 자아와 타자를 실재 적으로 보지 않았다는 점입니다. 레비-스트로스의 인류학 연구는 자기를 실체화하지도 타자를 실체화하지도 않습니다. 둘은 관념의 배치 속에서 상호의존적으로 '생산'됩니다.

한 종족이 지닌 관습들의 전체적 집결에는 언제나 어떤 특정한 양식이 존재한다. 관습들이 체계를 형성하는 것이다. 나는 이러한 체계들이 수적으로 제한되어 있는 것이 아니며, 또 개별적인 인간 존재들과 마찬가지로 인간사회도——그들의 놀이와 꿈 또는 정신착란의 상태에서——결코 절대적인 방식을 창조해 내는 것은 아니라는 사실을 확신하게 되었다. 인간사회란 재구성이 가능한 관념의 저장고로부터 어떤 결합들을 선택해 낸다. 신화, 어린이와 어른들의 놀이, 건강한 사람이나 병든 사람의 꿈, 또는 심리학적·병리학적 행위 가운데 표현되어 있는 것과 같은 모든 관찰된 관습들의 목록을 작성하기 위해서는 우리들은 화학원소의 주기표와 유사한 일종의 주기표를 만들어 낼 수 있게 될 것이다. 현실적인 것이든 또는 단지 가능할 뿐이든 모든 관습들이 이 주기표 내에서 가족으로서 집단을 이루게 되고, 우리들은 사회가 실제로 어떤 것을 채택하느냐를 단지 식별하기만 하면 될 것이다.[*]

---

[*] 클로드 레비-스트로스, 『슬픈 열대』, 박옥줄 옮김, 한길사, 1998, 354쪽.

지금 왜 인류학인가?

여행 크리에이터들이 온 세상 구석구석을 탐험하고 실시간으로 낯선 풍경을 알려 줍니다. 텔레비전을 틀면 여행 아니면 요리인데, 해외 여행-해외 요리 콤비네이션이 최고 인기입니다. 그런데 여행과 요리에 대한 큰 관심은 대개는 개인의 취향 문제로 다루어지면서, 원래 좋아했던 풍경과 맛을 바깥에서 재확인하는 일도 비일비재합니다. 지구의 구석구석이 드러나고 있지만 타인의 삶이 아니라 내 삶만 부풀리는 일이 되지는 않을까요? 다른 삶에 관심을 두면서 자기를 반성할 수 있는 공부를 할 수 있으면 좋겠습니다.

인류학은 '자기가 자기만 바라보는' 세계관을 내려놓는 사고훈련법입니다. 인류학이라는 타이틀을 단 책들을 보면 한결같이 차이를 강조하는 사례집입니다. 여기서 중요한 것은 다른 문화에 대한 탐식이 아니라, ① 그 다름을 통해 내가 당연하다고 생각해 온 가치들을 의심하고, 거기에서부터 다시 ② 보편적 삶에 대한 생각거리 하나를 만들어 내기입니다.

지금부터는 우리가 상식의 마지노선으로 갖고 살아가는 개념들이 얼마나 다른 작동 양식을 가질 수 있는지를 보여 드리겠습니다. 그 개념들은 모성, 가족, 국가입니다. 그럼 상이한 여러 부족들의 독특한 관습 저변을 흐르는 인류 고유의 욕망은 무엇일지 한번 알아볼까요?

인류학의 열정

차이에 대한 열정

① 모성? 카두베오족의 영아살해

'엄마니까 자식을 사랑하는 것은 당연합니다'가 아닙니다. 요즘 세상은 부모-자식 관계밖에 없는 것 같습니다. 케어해 주는 누군가와 케어받아야 하는 누군가로 관계가 나뉘는 것처럼 보이기 때문입니다. 그런데 부모-자식 관계, 그것도 혈연적 가족이 중요하게 된 것은 근대 이후입니다. 역사학자 필리프 아리에스(Philippe Ariès, 1914~1984)가 쓴 『아동의 탄생』 같은 책들에 잘 나오죠. 전통의 굴레로부터 떨어져 나와 대도시 임금 노동자가 되어야 했던 근대의 노동자들이 인간적 연대의 끈을 새롭게 만들어야 했을 때, 서로 어느 도시 누구 집 자식인지도 몰랐던 한 남자와 한 여자가 가족의 이름으로 정서적 안정감을 나누고, 그들 사이의 자식을 통해 재산을 세습하려 했을 때, '부모-자식 관계'도 중요해졌습니다.

그런데 이와는 완전히 상반된 가족 문화가 있습니다. 레비-스트로스가 방문했던 브라질의 카두베오족입니다. 카두베오족은 낙태와 영아살해가 빈번할 정도로 출산에 대한 혐오가 심했습니다. 그럼 어떻게 세대를 이어 갈까요? 양자를 들입니다. 카두베오족의 전사들은 멀리 원정을 가서 아이를 얻어 옵니다. 훔칠 수도 있습니다. 19세기 초반에 카두베오족의 한 계열인 과이쿠루 집단 성원들은 전체 구성원의 10퍼센트 정도만 혈통을 이어받고 있었습니다. 만약 아이를 낳고 그 마을에서 키울 수밖에 없다면, 부모가 아니라 먼 친척이 대신 기릅니다. 낳고 바로 기르면 편할 일을 왜 이렇게 어렵게 하는 걸까요?

레비-스트로스는 카두베오족이 철저한 신분사회라는 점에서 힌트를 얻었습니다. 카두베오족은 서열에 따라 앉을 자리, 먹을거리가 다 따로 정해지는 문화를 갖고 있었습니다. 귀족들 사이에서도 위계가 분명했는데요. '세습적으로 내려온 대귀족'과 '신분 상승한 귀족'이 있어서 다시 계층화가 이루어졌습니다. 대귀족 안에서 또다시 연장자와 연하자의 계층을 나누었습니다. 각 계급에 맞게 옷도 다르게 입고, 말도 다르게 했습니다.

카두베오족은 이 계급성을 문신으로 가시화했습니다. 눈썹과 속눈썹을 포함해서 얼굴에 있는 털이란 털을 다 뽑아 버림으로써 몸을 빈 종이처럼 만드는 것을 좋아했는데요. 자기다움, 개인의 개성을 일부러 지우려 했다고도 할 수 있겠습니다. 그래서 그들은 수염을 잔뜩 기른 백인을 혐오했습니다. 특히 여인들이 문신에 열을 올렸습니다. 그녀들에게 문신은 단순한 장식이 아니었습니다. 각각의 선은 우주의 이치를 표현한 것이고, 저마다의 문신은 그런 이치에 대한 체화 수준을 증명하는 것이었습니다.

문신과 영아살해에는 어떤 관계가 있을까요? 카두베오족에게 그림이란 인간다운 인간만 하는 활동이었습니다. 단지 사람의 자식으로 태어났다고 해서 사람이 되는 것이 아니라, 그림 그리는 능력이 있어야 사람입니다. 카두베오족에게 인간이란 '되어야 하는' 것이고, 부족이 원하는 방식으로(부족의 우주관에 따라) 문신을 그려 낼 수 있게 되었을 때에만 그는 '카두베오족'입니다. 이렇게 정교하게 문신을 그린 여인은 문명인이기에 부족 전체의 존경을 받고 최고의 신붓감으로 숭배받습니다.

그녀들은 자기가 자연의 다른 여성들과는 완전히 다른 문명화된 존재라고 생각했기 때문에, 다른 종들의 어미가 하듯이 자식을 물고 빨지 않으려 했던 것입니다. 이들은 점토를 경멸했습니다. 신이 인간을 빚을 때 썼던 최초의 물질이니까요. 신보다 더 위대해져야 할 인간은 점토를 멀리하고 회화의 세계로 나아가야 합니다. 실로 엄청난 문화주의자들입니다. 인간이 자연보다 압도적으로 우월해야 한다는 인간중심주의에 깊이 경도되었다고도 할 수 있습니다.

카두베오족 여인들은 침략자 백인남성들 앞에 잘 나서지 않았습니다. 인간(문명화된) 남자라면 누구라도 자신들과 결혼하고 싶어 할 테고, 그런 남자들의 욕망을 다 들어줄 수는 없을 테니 차라리 숨어 있는 것이 낫겠다고 그들을 배려한 것이지요. 백인이 무서워서 집 안에 숨어있었던 것이 아니었습니다. 카두베오족의 문신과 영아살해는 우리가 자연스럽게 느끼는 인간적 감정이라는 것이 특정 문화 코드를 따르고 있음을 가르쳐 줍니다. 카두베오족에 따르면 가족들 사이의 무조건적 헌신, 영원한 애정 같은 것은 없습니다.

② 가족? 외삼촌과 장인을 찾아 떠나는 보로로족

이번에는 가족 문제를 디뤄 보겠습니다. 러시아의 대문호

톨스토이(Lev Tolstoy)는 사랑에 푹 빠져서 자식도 남편도 등한시한 안나 카레니나 같은 사람을 비판했습니다. 19세기 러시아 청년들이 빠져드는 개인주의가 위험해 보였기 때문입니다. 안나는 자기 마음이 제일 중요하다며 남편도 자식도 내팽개치고 하고 싶은 대로 다 하는 사람이었습니다. 그러다 젊은 애인 브론스키에게 버림받은 것을 비관해서 철로에 뛰어들어 자살을 하고 맙니다. 그녀는 기차에 치이기 바로 직전에 자문합니다. '내가 왜 여기에 있는 거지?' 자기의 욕망에 가장 충실한 결과가 도대체 자신이 어디에 서 있는지를 모르게 되는 것이라니 정말 아이러니합니다.

'개인'이라는 말은 17세기에 영국의 철학자 존 로크 (John Locke, 1632~1704)에 의해 확실해졌습니다. 로크는 그때까지 '양심과 의식'이라는 두 개의 함의를 갖고 있었던 '컨셔스'(conscious)로부터 '의식'이라는 의미를 특화한 단어 '컨셔스니스'(consciousness)를 새로 만들었습니다. 그리고 교회나 전통이 제시하는 선악 판단에 휘둘림 없이 객관적으로 사고하고 판단할 수 있는 인간에게 있는 것으로 '의식'(consciousness)을 설명했습니다. 이런 의식이 있어야 개인이 되는 것이었지요.

로크가 개인이라는 개념을 발명해야 했던 것은 '국가'를 재규정하려고 했기 때문입니다. 국가는 영어로는 '스테이트'(state)이고, '스테이트'에는 원래 '스태터스'(status), 즉 '상태'라는 의미가 있었습니다. '스태터스'는 사람들이 함께 뿌리내리고 사는 자연적·문화적 환경을 가리키는 말이었습니다. 누군가가 살아가는 구체적 장소를 의미했지요. 서유럽에서는 16~17세기 종교개혁 동안 사회체를 새롭게 구성해야 했습니다. 이때 사상가들은 이념으로서의 국가를 상상하기 시작했고, 베스트팔렌 조약(1648) 등을 만들면서 근대 정치체인 국가를 탄생시켰습니다.

로크는 '어떤 상태(statas)'에 불과했던 '국가'라는 개념을 '구성해 내야 하는 사태(states)'로 다시 정의하기 위해 그 구성원을 새롭게 볼 방법을 찾았습니다. 국가를 새롭게 구성할 사람들은 교회나 전통에 깊이 침윤되어 있던 사람들과 달라야 했기 때문입니다. 그는 인간의 정신적 능력 중 특별히 '의식'을 부각시켰고, 사람을 객관적으로 가치판단할 수 있는 존재라고 다시 정의했습니다. 그런 중립적 의식을 지닌 존재들이 '국가'라는 정치체를 이룬다는 것이지요.[*]

그런데 국가란 내부 구성원의 산술적 합으로서 작동하

---

[*] 고쿠분 고이치로, 「스피노자의 의식」 강의(《인문공간세종》, 2023. 3. 25.).

지 않습니다. 구성원들이 서로를 어떻게 생각하는지, 그런 한에서 어떻게 연대를 이룰 수 있는지가 중요합니다. 이때 유럽의 지식인들은 의식 있는 인간들, 중립적 개인들 사이의 '형제애'를 강조했습니다. 이들 형제들은 모두 국가의 땅, 즉 '모국'(motherland)의 자식이기에 끈끈한 애국심을 가질 수밖에 없겠지요. 그런데 형제애만을 가지고서는 국가라는 공동체를 영속시킬 수 없습니다. 중립적 의식을 가진 존재의 고립감과 그들 사이의 연대감을 강화해 줄 접착제로서의 사회적 장치가 새롭게 마련되어야 합니다. 결국 '근대적 가족'이 등장합니다. 사회를 구성하는 '개인'들이 사랑으로 똘똘 뭉친 가족을 만들어서 형제애의 근간을 받쳐 주면 된다는 것이지요. 이것이 서구 근대의 결혼입니다.

그렇다면 열대에서의 결혼은 어떤 것일까요? 숲에서는 중립적 개인도 없고, 형제애나 가족애를 고집하는 사회도 없습니다. 인디언들에게도 가족은 문화를 실행시키는 장치이기는 합니다. 하지만 그것은 서구 근대의 가족과는 다른 양상을 띱니다. 열대의 가족 관계를 이해하기 위해 레비-스트로스가 탐험했던 보로로족 마을을 방문해 봅시다.

보로로족은 다음과 같은 도식 아래에서 살아갑니다. 우선 하나의 부족을 서로 다른 두 개의 반족(半族)인 세라족과

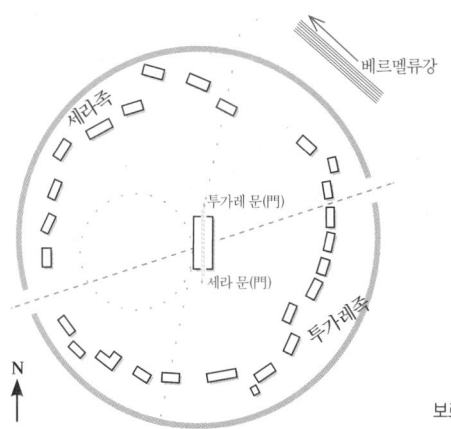

베르멜류강

세라족

투가레 문(門)

세라 문(門)

투가레족

N

보로로 마을의 사회구조도

투가레족으로 나누어 이항대립적으로 구분합니다. 레비-
스트로스가 방문했던 보로로족 마을에는 위로 강이 하나 흐
르고 있었습니다. 부족은 강의 진행 방향을 기준으로 강에
가까운 쪽과 숲에 가까운 쪽을 나누고, 그것에 대해 '강함'과
'약함'이라는 성격을 부여했습니다. 이 '강함'과 '약함'에는
어떤 본질적 가치도 들어 있지 않습니다. 강약으로 이분된
부족은 각자의 안에서 다시 상·중·하로 계열화됩니다. 두
반족은 족외혼 관계로 서로 얽히며, 장례의식은 반드시 상
대 부족에 의해 치러집니다.

　　전체 분류의 도식은 위계적입니다. 보로로인들은 이렇
게 마을을 편의적 관념들로 구분하고, 그에 맞게 공간 구획

을 한 다음, 사람들을 그 안에서 거주하고 움직이게 했습니다. 여기에 '평등한 개인'은 없습니다. 누구나 할 수 있는 일이란 없지요. 강하거나 약하고 높거나 낮은 자들이 서로서로 의지하면서 삽니다. 그 누구도 한 자리를 놓고 다투지 않습니다. 이 안에서 사람들은 자기가 어떤 위치에서, 무엇을 하며 살아야 하는지를 잘 지키면서 살 수밖에 없지요. 레비-스트로스는 어떤 사람이 만약 악기를 연주해야 하는 위치에 놓이게 된다면 그는 피리를 잘 불지 않을 수가 없을 것이라고까지 확신했습니다. 자기밖에 그 일을 할 수 없는 처지에 놓인 사람들이 사는 작은 세상을 상상해 봅시다. 아주 사소한 일도 나밖에는 할 수 없다면, 그는 얼마나 큰 자존감과 책임감을 갖고 살겠습니까?

　반족끼리의 이항적 대립, 그리고 상보적 결합이 중요하다면 다음으로 또 중요한 구별이 있습니다. 바로 남자와 여자의 구별입니다. 부족끼리는 대립한다고 할 수 있지만 실제 일상의 활동 대부분은 젠더적으로 구별되어 있어서 두 부족의 남자들끼리, 두 부족의 여자들끼리 하루의 대부분을 보냅니다. 보로로족 지면 배열에서 특히 바깥의 원은 여성들의 집으로 되어 있는데, 가운데에 있는 남성들의 집을 품으며 둘러싼 형태입니다. 이 마을에는 '부모-자식'으로 구성된 가족의 집이 없습니다.

마을의 이런 상보적 관계를 잘 보여 주는 예가 사냥입니다. 보로로족의 사냥꾼들에게는 중요한 계율이 있는데요. '죽인 자는 사냥감을 나를 수 없다. 사냥감을 나른 자는 요리할 수 없다'입니다. 응용하자면, 이런 부족 생활을 상상해 볼 수 있겠습니다. 투가레족 남자 사냥꾼이 쏜 것은 세라족 남자 사냥꾼이 가지고 올 수 있습니다. 세라족 남자가 가져온 것은 세라족 여자에 의해서만 요리될 수 있고요. 잡은 자는 다른 부족의 여인이 요리를 해줄 때까지 기다려야 합니다. 그런데 세라족으로 시집간 그 여자는 사실 투가레족 출신일 것이므로 결국 이 사냥꾼은 자기가 잡아 자기 누이에게 요리를 시킨 것이 됩니다. 그 과정에서 투가레족과 세라족 전부가 음식의 향연에 참여하도록 하는 형태입니다.

이런 조건에서 결혼을 왜 할까요? 보로로족은 일부러 남과 사냥하도록, 남을 위해 요리를 하도록 하는 사냥 금기를 설정했습니다. 그래야만 무리가 철저히 연대하는 법을 배우며 더욱 관계적으로 잘 살 수 있기 때문입니다. 그래서 결혼은 사랑하는 누군가를 찾는 일이 되지 않고, 함께 나눌 수 있는 서로의 공동체를 선택하는 일이 됩니다. 특히 남자라면 자신과 함께 사냥을 가서 숲에서 오래 같이 있을 수 있는 사냥 동료를 고르는 일이 되겠지요.

③ 국가? 지배받지 않는 사람들

국가는 상상의 공동체입니다. 1980년대에 베네딕트 앤더슨 (Benedict Anderson)이 『상상의 공동체』라는 책에서 이런 주장을 했을 때, 많은 사람들이 큰 충격을 받았습니다. 국가가 상상의 공동체라면 독립운동은 다 무슨 의미란 말입니까? 그런데 베네딕트 앤더슨의 주장은 '상상된 것 말고 진짜를 찾으라!'라는 뜻이 아니었습니다. 조직에 얽매이지 말고 혼자 떠돌라는 권유도 아니었지요. 우리가 믿고 따르는 어떤 가치가 역사적인 조건에 따라 구성된 것이라는 말이었습니다. 고대부터 국가는 존재했었습니다. 하지만 사람들이 떠올린 국가의 그림은 시대마다 달랐다는 의미였습니다.

　　근대 국가는 정의상, 앞에서 말씀드린 로크식 '개인들의 연합체'이기 때문에 국가의 수반은 주권의 대리자가 됩니다. 이런 정치체에서는 국민 각자가 투표를 통해 똑같이 자신들의 정치적 권리를 행사합니다. 그렇게 지위의 높낮이나 부의 정도와 상관없이 국민인 한에서 우리 전부는 평등합니다. 그런 관점에서 보면 고대 국가들, 고대의 정치 체제는 낯설 뿐만 아니라 부당해 보이기도 합니다. 거기에서는 왕이 절대 권력을 갖고 편의적으로 신민들을 다루는 것처럼 보이니까요. 이와 달리 근대 국가는 평등한 개인의 사적 소유를 보장하기 때문에 옳다고들 합니다. 하지만 인류학 조사에서는 이런 상식을 깨는 예가 허다합니다.

먼저 피에르 클라스트르(Pierre Clastres, 1934~1977)가 소개하는 남아메리카 구아야키족의 '슬기로운 추장'에 대해 알아보겠습니다. 이 추장은 처음에 서양인들로부터 엄청난 권력자로 평가되었습니다. 그에게 두 가지 절대 권력이 있었기 때문입니다. 첫째는 부족의 재화를 모으고 분배할 수 있는 권력이고, 둘째는 많은 아내를 거느릴 수 있는 권력입니다.

먼저 첫번째 권력에 대해 보죠. 야생의 부족들은 재산의 수집과 처분을 전적으로 추장에게 맡깁니다. 그리고 유사시에 추장에게 의존합니다. 갑자기 야영을 철수하고 다른 장소로 이동하게 된 부족민들이, 먹을 것이 떨어지자 전부 추장만 보고 멍하니 앉아 있더라는 예가 유명하지요. 그래서 추장 집 마당에 늘 많은 물건들이 쌓인다고는 하지만, 그 물건들이 얼마나 쉽고 빠르게 마을 사람들에게 다 돌아가는지를 주목해야 합니다. 레비-스트로스가 부족민들과의 우정 교환을 위해 마련해 간 선물들도 추장의 안마당에서 금방 사라져 버리기 일쑤였습니다.

추장은 자기 부족의 얼굴입니다. 개인으로서는 살아갈 수 없는, 부족 전체를 위해 일하고 부족 전체의 명예를 대표하는 상징적 존재입니다. 만약 그가 하나의 물건, 하나의 사람에 집착하기라도 한다면 금방 추장직을 내려놓아야 할 것입니다. 그런 사욕은 마을의 대표자에게 전혀 어울리지 않습니다. 추장의 많은 아내도 그에게 먹여 살릴 처가가 많다는 것을 의미합니다. 아내들은 추장의 권세를 나누어 누리는 것이 아니라 그의 의무를 함께 집니다.

무엇보다 부족민들은 추장에게 예속되어 있지 않습니다. 누군가가 자신들을 더 잘 먹이고 보호해 주겠다고 하면 얼마든지 따라나설 수 있습니다. 그런 상황이니 아내들은 어떻겠습니까? 무능한 추장의 아내라는 불명예를 지고 살여자는 많지 않을 것입니다. 아내들은 공공연히 애인을 둘수도 있는데요. 그렇더라도 추장이 애욕에 빠져 전전긍긍하는 것은 꼴불견이므로, 그는 속상하겠지만 혼자 삭일 수밖에 없을 것입니다.

인류학자 나카자와 신이치(中沢新一)는 야생의 권력구조를 네 가지 중심축으로 분석합니다. 부족마다 부여하는 비중이 다르고 조합되는 방식이 다르지만 권력자들은 크게 네 가지 역할로 영역화됩니다. 샤먼, 겨울 의례의 수장, 장군, 그리고 추장입니다. 앞에서 우리가 살펴본 추장의 경우 마을 내부 사정에만 집중해야 하고, 절대로 폭력은 쓸 수 없으며, 구성원 전부를 만족시킬 수 있는 현명한 지혜와 다양한 예능적 기예를 갖추어야 합니다.

다른 세 권력자들은 마을과 그 외부를 중재하는 역할을 합니다. 샤먼의 경우는 생(마을의 현세)과 사(저승)를 여러 약물과 치료법, 장례 의례를 통해 중재하고, 겨울 의례의 수장은 사냥하지 않는 겨울에 동물들을 위한 제의를 하는 식으로 마을(집)과 숲(사냥터)을 중재합니다. 장군은 이웃 부족과의 사이를 전투로써 중재하지요. 이들 셋은 전부 비일상적인 때에만 자기 능력을 사용할 수 있습니다. 오직 추장만 일상적으로 마을을 대표하는 일을 합니다. 이런 권력 배분 방식은, 예측할 수 없는 야생적 권력이 마을의 일상 속으로 들어오는 것을 막는 것이라고 할 수 있습니다. 나카자와 신이치에 따르면, 근대 국민국가는 이 네 가지 역할을 국가 수반의 모습으로 통합한 것입니다.*

이처럼 인류학은 모성이나 가족, 국가처럼 너무나 자명

---

* 나카자와 신이치, 『곰에서 왕으로』, 김옥희 옮김, 동아시아, 2003, 5장 참조.

해 보이는 관념들을 다르게 생각해 볼 수 있는 온갖 민족지적 자료를 다룹니다. 우리는 국가라는 정치체, 개인의 자율성, 심지어 모성이라는 감정까지도 구성된 것임을 알 필요가 있습니다.

배움에 대한 열정

인류학은 타자의 일상에 깊은 관심을 가지고, 그것을 배우려는 학문입니다. 인류학에서는 이 배움의 방법이 독특합니다. 늘 누군가의 '구체적 일상' 속으로 들어가서 연구하기 때문입니다. 특정한 부족 공동체가 숲의 동식물과 관계 맺는 양식이라든가, 그들 내부 구성원과 약속을 맺는 방법을 직접 따라다니며 조사하는 것이 인류학 연구 방법의 주요 공식입니다. 그리고 그들이 일상에서 식기를 사용하는 법, 장신구를 두르는 법처럼 사소해 보이는 문제를 깊이 관찰합니다. 너무나 사소해서 관심을 기울일 필요가 전혀 없는 것처럼 보이는 것들이 인류학자에게는 모두 귀한 연구재료가됩니다. 인류학자가 일상의 세부에 주의를 두는 까닭을 '전체성' 개념으로 이해할 수 있습니다. 이 개념은 마르셀 모스(Marcel Mauss)가 『증여론』에서 '총체적 사회의 진실'이라는 말로 제창한 것입니다.

오스트레일리아 케이프요크반도 서해안의 일요론트족은 1930년대까지 그들 고유의 관습을 유지할 수 있었습니다.* 1915년 부족의 거주지 가까운 곳에 성공회 선교 캠프가 마련되었고 백인 신부들이 활동을 했습니다. 이때 신부들은 그들이 돌도끼를 사용하는 모습을 보고 안타까워서 쇠도끼를 선물했습니다. 문명의 선의(善意)였다고 할 수 있겠네요. 일요론트 부족에게 어떤 일이 일어났을까요?

이 쇠도끼와 함께 부족 전체가 해체되어 버렸습니다. 일요론트 사회에서는 각자가 돌도끼를 만들어 써야 합니다. 그들은 많은 시간을 할애하여 자기 도끼를 직접 만들었습니다. 돌도끼의 재료는 650킬로미터가량 떨어진 지역에서만 나는 돌인데, 일요론트 부족 성인 남성들은 그것을 다른 부족과의 교역을 통해서만 입수할 수 있습니다. 돌도끼의 손잡이로 사용되는 목재 구하기, 돌도끼와 손잡이를 연결하는 아교의 생산이나 나무줄기 껍질 처리에 따르는 기술은 익히기가 대단히 어려워서 상당한 수련도 필요합니다. 부족의 어린 남자아이는 성장하는 내내 자기 돌도끼를 만들기 위한

---

* 일요론트족의 예는 최협, 『부시맨과 레비스트로스』, 풀빛, 2014, 43~47쪽 참고.

인맥과 기술을 익히며 자기 도끼를 가질 꿈을 꿉니다.

돌도끼는 오직 성인 남성만이 가질 수 있습니다. 도끼가 필요한 여성이나 아이들은 빌려 쓸 수밖에 없습니다. 빌려 주고 돌려받는 관계는 직계, 혹은 적어도 친족 안에서만 가능합니다. 내가 누구의 도끼를 쓸 수 있느냐를 나의 친족 관계가 결정하는 것이지요. 덕분에 도끼에 의존할 일이 많았던 일요론트 부족은 남성 중심의 친밀한 가족관계를 유지할 수 있었습니다. 돌도끼는 경제적 기반이자 사회적 기반이었습니다.

여기에 외부에서 쇠도끼가 유입되었으니 일이 어떻게 되었겠습니까? 선교사들은 자신들을 구경하러 온 아이나 여자들에게 쇠도끼를 선물했습니다. 이렇게 유입된 쇠도끼는 일요론트 부족 내부 위계를 순식간에 흔들어 버렸습니다. 우선, 쇠도끼는 제작과정이 따로 필요 없는 '상품'이었습니다. 외부 부족들과 돌 교역을 위한 축제를 열던 관습도 시들해졌고, 어른들 어깨 너머로 익히던 온갖 생활 기술들도 시큰둥해졌습니다. 돈만 있으면 혹은 선교사들을 따라 교회만 가면 쇠도끼를 가질 수 있게 된 덕분에, 상호의존적 관계들은 해체되었습니다. 가문의 도끼를 '나누어 쓰던 사이'에서, 자기 도끼를 '소유하는 이들의 집합'이 된 것입니다. 세상 유일무이한 돌도끼의 주인이 되어, 세상 유일무이한 아내와 여동생에게 도움을 주면서, 일생 동안 누군가에게 가르쳐 줄 것이 있던 한 남자가 쇠도끼를 든 '만인'들 사이로 추락하게 되었습니다.

　일요론트족의 예를 통해 우리는 인류학이 어떤 학문인지를 알 수 있습니다. 인류학은 '기술'에 대한 현대 산업사회의 상식을 내려놓게 합니다. 보통 기술의 역사에서는 돌도끼에서 쇠도끼로의 진화를 기술의 진보라고 봅니다. 도끼라는 형태를 진화의 핵심 단위로 보는 것이지요. 하지만 일요론트족의 경우처럼 돌도끼와 쇠도끼는 그것이 제작되고 작동하는 사회적 관계가 완전히 다릅니다. 따라서 돌도끼와 쇠도끼 사이의 직접 비교는 불가능합니다. 하나의 기술, 하나의 사물은 그 사회문화의 역사적이고 환경적인 조건 전체를 해석한 결과로서 주어지기 때문입니다.

　인류학자는 하나의 사물이 어떤 관념의 배치 속에서 출현하는지, 그때 생산되는 집단의 전체적 욕망은 무엇인지를 읽어야 합니다. 일상이란 그것을 구성하는 세부 하나하나가 다 관계의 전체적 구조를 따르면서 만들어집니다. 인류학은 하나의 사물에서 출발해, 하나의 관계, 하나의 사회로 시야를 넓힙니다.

우리에 대한 열정

그런데 이런 연구에는 결정적인 문제가 있습니다. 인류학자가 타자의 일상 속으로 들어가기 쉽지 않다는 점입니다. 기본적으로 야생의 공동체는 자급자족을 목표로 하기 때문에 다른 공동체에 대한 의존도가 매우 낮습니다. 자기들의 며느리나 사위가 될 것도 아닌데 마을에 머물겠다고 하는 이방인 인류학자가 반가울 리 없습니다. 『슬픈 열대』를 보면 레비-스트로스가 늘 마을과 숲의 경계 지역에 텐트를 쳤다는 것을 알 수 있습니다. 주로 인디언 마을 샤먼의 집이었습니다. 샤먼은 생과 사의 경계인, 마을과 숲의 경계인이니까, 이방인이 머물기에 그의 집이 적당하겠지요. 그런데 이렇게 주변부에서만 머물면 그가 접하게 되는 정보의 수준은 한정적일 수밖에 없습니다. 때문에 많은 인류학자가 한 번이 아니라 여러 번 찾아가고, 심지어 몇십 년에 걸쳐서 자신이 관찰하는 대상과 함께 시간을 보내면서 부족의 내부 사정을 파악하려고 애씁니다.

이 과정에서 가장 큰 문제는 언어입니다. 보통의 부족 공동체는 각자의 정체성을 확실하게 하려 하기 때문에, 근처에 살고 있더라도 부족 간 언어 차이가 비교적 크게 납니다. 20세기 초까지는 이런 언어적 차이를 발견하기도 어려웠어요. 그래서 많은 경우 유럽에 다녀온, 서양어를 조금 할 줄 아는 경험이 있는 원주민 통역자를 따로 두고 연구해야 했습니다. 그렇게 언어부터 시작해서 그들의 습속과 의례의 구석구석까지를 이해하려면 시간이 엄청 들겠지요. 그리고 인류학자는 다시 자신의 출발지로 돌아와야 합니다. 그의 목적이 보로로족이 되는 것은 아니니까요. 그가 하려는 것은 저편으로의 여행이나 이주가 아니라 이편에서의 인류학입니다.

말리노프스키(Bronisław Kasper Malinowski, 1884~1942)는 인류학이라는 학문의 방향을 '현장연구' 쪽으로 이끈 사람입니다. 말리노프스키 이전에는 인류학을 직업으로 한 경우도 거의 없었지만, 야생의 인류에 대한 연구는 전부 식민지 개척을 위한 공무의 일환이었습니다. '착한' 인류학자가 자신의 연구대상을 관리나 착취의 대상으로 보지 않았다 하더라도, 그가 의존했던 것은 군인들, 상인들, 공무원들, 선교사들이 앞서 수집한 착취적 자료일 수밖에 없었습니다. 신화학자 제임스 프레이저(James George Frazer)도 영국의 도서관에서 제국주의 시대에 수집된 온갖 정보들을 취합해서 읽었습니다.[*]

말리노프스키는 1차 세계대전 와중에 유럽으로 돌아갈 방법이 없어, 서태평양 트로브리안드 사회에 오래 고립되게 되었습니다. 그는 이 기회를 활용해 현장연구를 하게 되었습니다. 말리노프스키는 태평양 제도의 산호섬들 사이에서 어떤 부족들이 어떻게 사는지, 그들 사이에는 어떤 신화가 있고 어떤 교류가 있는지를 자기 몸으로 익히면서 조사했습니다. 『산호섬의 경작지와 주술』(1935)이라든가 『서태평양의 항해자들』(1922) 같은 연구를 보면, 말리노프스키가 꽤 자유롭게 트로브리안드섬들의 언어 중 몇 개를 쓸 수 있었다는 것을 알 수 있습니다. 말리노프스키는 특유의 친화력과 겸손함으로 현지에서 친구도 많이 사귈 수 있었고, 마을의 장례나 여러 의례에도 참여할 수 있었습니다.

그런데 사후에 발견된 그의 일기가 충격적이었습니다. 그는 일기에서 엄청난 불쾌감, 피로함을 토로했습니다. 왜 아니겠습니까? 위인의 업적을 연구하는 것도 아니고, 누군가 매일매일 살아가는 구태의연한 일상의 의미를, 언제나 이방인의 자리에서 '새롭게 밝혀내는' 일이 쉬울 리 없지요. 전부 이해되는 것도 아닌, 완전히 받아들일 수도 없는 부분

---

* 제임스 프레이저, 『황금가지』, 이용대 옮김, 한겨레출판, 2003.

도 분명 있었을 것입니다. 우리는 그가 서태평양에서 백인으로도 트로브리안드 사람으로도 살 수 없는 채로, 불편하고 분열된 마음으로 어떻게 지냈을지 짐작할 수 있습니다.

놀라운 점은, 그럼에도 불구하고 그가 연구를 포기하지 않았다는 것입니다. 모든 것을 공유하며 살고, 바다와 땅과 한몸으로 연결되어 충만한 일상에 젖어 있는 서태평양 사람들의 이야기가 유럽의 '개인들'에게 필요하다고 생각했기 때문입니다.

말리노프스키가 안나 카레니나처럼 자기 욕망과 재산 문제로 괴로운 유럽 사람들에게 경종을 울리려 했다면, 태평양 사모아섬을 연구했던 마거릿 미드(Margaret Mead, 1901~1978)는 아예 자기 생활 방식을 바꾸었습니다. 마거릿 미드는 사모아섬의 청소년들을 연구했습니다. 그녀는 유럽의 청소년들이 과도한 스트레스를 받는 것에 착안해 다른 문화권 청소년들이 받는 사회적 압박을 알아보기로 했습니다. 결론은 '없다'였습니다. 마거릿 미드가 보기에 사모아에서는 성(性)이 특별한 일로 취급되지 않았으며, 가족들끼리도 정서적으로 매우 느슨히 연결되어 있었습니다. 십 대가 성에 대해 관심을 갖는 것은 당연한 일이지만, 사모아에서는 사생활이라는 개념이 없기 때문에 청소년의 성이 개인의 문제로 방치되지도 않았고 과도히 사회적 문제로 부각되지도 않았습니다. 성행위에는 어떤 도덕적 무게가 실리지 않았습니다. 사모아의 청소년들은 매우 개방적으로 자신의 성적 욕구를 표현할 수 있었고, 성생활을 통해 그가 사회적 임무를 잘 담당할 수 있도록 장려되었습니다.

뉴욕으로 돌아왔을 때 마거릿 미드는 자신의 임신 사실을 알았습니다. 그녀는 사모아섬 사람들처럼 되도록 많은 이들과 아이를 함께 키워야겠다고 생각했습니다. 그래서 친척과 친구의 도움을 받았고 유모를 고용하기도 하는 등 다방면에서 함께 육아를 했습니다. 당시에 미국에서는 핵가족 중심, 엄마 중심의 육아가 권장되어서, 미드의 육아법은 시대를 거스르는 일탈이 되었습니다. 그러나 미드는 사모아의 엄마들처럼, '모성'이 아니라 '관계'가 아이를 키운다는 점을 믿었습니다.

그러한 여름 몇 개월 동안, 나는 수많은 사람들에게 둘러싸여 살면서 아기를 기르는 일이 실제 어떠한 것인지 잘 알 수 있었다. 기꺼이 아기를 안아 주는 많은 손길들이 있었고, 해도 해도 끝이 없는 집 안의 잡일을 거들어 주는 사람이 있었고, 밤이면 아기를 데리고 자 주는 사람이 있었다. 그런 환경

속에서 지내는 어머니와 자식 간의 관계는 긴장과 해이를 모두 포함하고 있음을 나는 실제로 느낄 수 있었던 것이다. 어떤 뜻에서 그것은 시대착오적이며, 전시라는 특수한 상황에 기인한 것이라고 할 수 있다. 전쟁이 없었더라면 우리는 세 명이나 되는 사춘기 아이들과 지내는 일 같은 것은 없었을 것이며, 오드리 한 사람이 고작이었을 것이다. 그리고 물론 유모를 둔다는 것도 과거의 유물이었다. 전쟁 전에도 영국에서는 유모라는 존재는 그 모습이 사라져 가고 있었다. 과거에는 수많은 남녀 하인들을 부리던 큰 저택에서도 겨우 늙은 하인 하나가 남아 있는 경우가 많았다.[*]

말리노프스키와 마거릿 미드와 같은 인류학자는 타인의 삶에서 배우고, 타인의 문화를 우리의 자산으로 생각하며 자기의 사회에 응용하기를 주저하지 않았습니다.

---

[*] 마거릿 미드, 『마가렛 미드 자서전』, 최혁순·최인옥 공역, 범우사, 2021, 358~359쪽.

인류학, 어떻게 공부해야 할까

인류학은 상대주의를 넘어간다

인류학은 시야를 넓힙니다. 인류학에서 탐구하고자 하는 인류의 모든 삶은 범위가 대단히 넓습니다. 인류란 호모 사피엔스를 말하고, 그렇게 되면 20만 년 전부터의 인류사 전체가 연구의 범위로 들어오기 때문입니다. 은행도 없고, 학교도 없고, 왕도 없고, 국경도 없는 세계 구석구석을 탐구의 영역으로 삼기 때문에, 공부를 하면 할수록 마음이 커지고 권태로웠던 일상의 세부가 새롭게 눈에 들어오게 됩니다.

시야를 넓힌다는 것이 상대주의에 머무는 일이 되지는 않습니다. 아마존의 카두베오족은 영아살해를 하지요. 산업사회 영국에서는 핵가족 중심이라 자녀교육이 모든 부모의 일생일대의 목표였습니다. 이런 방식으로 상이한 삶의 양식들을 이것저것 수집하면서 지적 유희에 빠지는 것은 인류학의 목표가 될 수 없습니다. 차이에 대한 탐식이 아니라, 상이한 문화를 발생시키는 인류의 심층적 무의식에 대한 탐구로 나아가야 합니다.

우리가 상대주의에 만족해서는 안 되는 이유는 무엇일까요? 사실 상대주의는 절대주의이기 때문입니다. 앞 강의에서 우리는 카두베오족과 서구 근대가 각각 자식을 어떻게 바라보는지를 비교했습니다. 이때 비교의 축을 작동시키는 기준이 있었지요. 바로 '아이'입니다. 어린아이는 미숙하고 보호해야만 하는 존재이며, 가족의 핵심축이라는 생각이 이 비교를 떠받칩니다. 그런 의미에서 두 예는 '아이'라고 하는 관념을 절대적으로 가진다고 할 수 있습니다.

문화 상대주의라는 말은 어떻게 쓰이나요? 카두베오 문화와 영국 문화를 직접 비교할 수는 없습니다. 무엇과 무엇이 다르다고 판단하려면 어떤 기준이 있어야 하기 때문입니다. '문화 상대주의'의 경우, 이 '문화'란 서유럽이 프랑스 혁명 이후 구체제로부터 벗어나 근대 국민국가로 전환되는 과정에서 나타난 공동체 구성의 개념입니다. 이때 국가의 영토라고 하는 공간적 범위나, 한 민족이라고 하는 시간적 혈통이 기준이 되었습니다. 그러므로 이런 범주를 갖고 있지 않은 사람들에게 '문화'는 없는 일이 되겠지요. 카두베오 문화와 영국 문화를 비교한다는 말에는 카두베오족이 영토나 왕을 갖고 있다고 하는 가정이 작동하는 것입니다.

브뤼노 라투르(Bruno Latour, 1947~2022)는 『우리는 결코 근대인이었던 적이 없다』(1991)에서 근대적 상대주의의 메커니즘을 다음과 같이 분석했습니다. 개별 문화에 차이가 있다고 보는 생각은 하나의 자연에 대한 해석이 다 달라서라는 것입니다. 그런데 자연이란 과연 무엇일까요? 17세기 이후 서양의 학자들은 '자연'과 '문화'를 실제적 구분의 틀로 쓰기 시작했습니다. 이 자연은 자연철학자이자 화학자인 보일(Robert Boyle)이 실험실에서 시험관을 통해 분석하려고 했던 그 과학적 자연이었습니다. 즉 서양 근대 과학으로 설명된 자연입니다. 라투르가 보기에, 보일은 객관화된 과학 실험을 통해 인간의 주관을 배제하려 했습니다만 실험 도구를 개발하는 것도 사용하는 것도 결국은 사람의 일임을 알게 해주었습니다. 어떤 인간도 자연을 있는 그대로 설명할 수는 없습니다. 사람은 누구라도 특정 문화에 깊이 침윤된 상태로 세계를 경험할 수밖에 없기 때문입니다.

문화 상대주의의 바탕을 이루는 그 자연이 서양의 근대 과학에 의해 구성되는 것이라면, 상대주의란 늘 서양식 과학, 서양식 과학자, 서양식 상식을 기준에 놓고 생각하는 일이 됩니다. 자연 자체가 서양화되어 있으니, 문화의 전범도 서양이 됩니다. 때문에 상대주의적으로 이 문화 저 문화에 대한 비교를 거듭할수록 '서양'은 절대적으로 마땅한 무엇이 됩니다.

인류 최고(最古)의 문제는 공생

상대주의를 떠받치는 것은 문화와 자연의 이분법이었습니다. 레비-스트로스는 모든 인류가 이 두 개의 범주를 계속 문제 삼아 왔다고 합니다. 열대와 온대라고 하는 기후적 차이에도 불구하고 카두베오족과 '영국족'이라는 이 두 부족은 왜 모두 문화와 자연이라고 하는 개념을 중요하게 생각했을까요? 야생의 이분법은 서양 근대의 이분법과 무엇이 다를까요?

야생에서 문화라는 것 자체, 자연이라는 것 자체를 어떻게 정의하는지 알아볼 필요는 없습니다. 문화와 자연은 일차적으로는 자기와 타자를 나누는 사고 방식에서 발전한 개념입니다. '문화'는 '가장 큰 자기'이며 '자연'은 '타자들 전체'

를 가리킵니다. 야생의 사고법, 토테미즘에서도 문화와 자연의 이분법을 씁니다. 토테미즘이란 자연의 인간화인 '의인화'와 대비되는 인간의 자연화인데요, 보통 특정한 집단이 '곰'이라든가 '연어'라든가 하는 동물종을 자기 부족의 상징으로 삼는 것을 의미합니다. 이 토테미즘은 상대주의를 넘어갑니다.

토테미즘에서 한 부족이 자기 상징으로 동물을 선택할 때, 추장과 같은 권력자가 제 마음대로 하지는 않습니다. '부족의 동물종화', '인간의 자연화'에는 구성 원리가 있습니다. 우선, 함께 살게 된 사람들이 자연을 깊이 관찰합니다. 그런 뒤 자기들이 모범으로 삼아야 할 동물종을 선택합니다. 물론 그 숲에서 가장 힘이 세고 잘 먹고 오래 사는 종을 택하겠지요. 그런데 최상위 포식자인 곰이라면 너도나도 선택하고 싶지 않겠습니까? 그래서 선택에 들어갈 때는 인근의 다른 부족도 관찰합니다. 상징적이라고는 하지만, 이미 이 숲에 어떤 곰 부족이 존재한다면 우리가 곰으로 부족화할 수는 없습니다. 숲에 두 마리 곰이 있다고 가정한다면, 둘은 끊임없이 같은 먹이를 두고 다투게 될 것이기 때문입니다.

그래서 곰은 빼고 다른 동물들 중에서 인상적인 종을 선택하게 됩니다. 곰이 아니라 개구리를 선택했다고 해서 열등한 부족이 되지는 않습니다. 알에서 올챙이로 다시 개구리로 변신하고 물에서도 물에서도 살 수 있는 개구리야말로 갱생의 달인, 죽고 사는 생명의 화신이기에 곰보다 멋진 기호일 수 있습니다. 곰을 두고 숲속의 왕이라 하지만 사실 곰이 마음대로 할 수 있는 숲이란 이 세상에 없습니다. 그런 의미에서 곰을 선택한 부족도 자신들이 왕이라고 생각하지는 못할 것이고요. 다만 곰으로서 개구리나 다람쥐와 함께 살아가는 장면을 생각하게 될 테지요.

이렇게 자기 부족 문화의 근간이 될 동물종을 선택하기 위해 반드시 자연 전체를 관찰합니다. 자기들이 어디에 있고 그 주변에 어떤 부족들이 있는가를 전반적으로 다 통찰한 뒤에, 다른 동물종을 선택한 부족들과 가장 잘 어울릴 수 있는 동물을 모방의 기호로서 선택하는 것입니다. 꼭 동물만 선택되는 것은 아닙니다. 벌레나 이끼도 가능합니다. 숲전체의 공산적 관계에서 보면 벌레 하나 이끼 한 줌도 없어서는 안 되는 필연적 존재들입니다. 야생의 토테미즘은 이런 자연학적이고 관계적 지식에 바탕을 둔 문화 구성 방식입니다.

토테미즘은 이런 공생적이고 집합적인 타자 관계를 목표로 하면서도 동일한 것들 안에서 자이를 보려는 노력을 계속하는 문화론입니다. 예를 들어, 곰 부족은 곰과 인간이 종적으로는 완전히 구별됨에도 불구하고 둘을 같다고 가정합니다. 이렇게 만들어진 곰 부족과 개구리 부족 등이 숲에서 각자 살아간다고 하면, 같은 인간들 안에서 곰다움, 개구리다움의 방식으로 다른 성격을 가진 집단들을 분화시킬 수 있습니다. 다른 것은 같게, 같은 것은 다르게! 야생의 부족들은 자신들의 문화가, 숲속의 여러 관계 속에서 차이와 동일성을 구축하는 하나의 방법임을 놓치지 않습니다.

토테미즘에 기반해서 다른 것을 같게, 같은 것을 다르게 생각하는 훈련, 이것이 인류학적 사고법입니다. 레비-스트로스는 토테미즘을 대칭적 사고라고 했습니다. 레비-스트로스에게 '대칭성'이란 치우침 없는 사고를 의미합니다. 최대한 자연의 모든 종들이 서로 잘 어우러질 수 있는 양식을 생각하고, 그 양식에 맞게 자기 삶을 조정해야 한다는 뜻이지요. 문화는 고정된 어떤 실체가 아닙니다. 나와 남을 사이좋게 나누는 방법입니다. 숲속에 사는 아주 많은 존재들과 어떻게 하면 잘 살 수 있을까 하는 궁리 끝에 나온 '자기 만들기'입니다.

인류학 3단 콤보 : 읽고 답사하고 쓴다

인류학은 같은 것을 다르게 보면서 타자들과의 공생을 생각합니다. 말이 쉽지, 실제로 같은 것을 다르게 보기 위해서는 주변에서 발견되는 '다른 것들'을 포착하고 관찰할 수 있는 능력이 필요합니다. 이런 인류학적 사고법을 기르기 위해서는 다음 세 단계의 훈련을 하면 좋습니다. 인류학 책 읽기, 관련 유물을 답사하기, 마지막으로 답사기 쓰기입니다. 저는 인류학 공부하기를 좋아하는 친구들과 함께 이 공부법의 이름을 '인류학 3단 콤보'라고 부르게 되었습니다.

인류학 책 탐독

다른 모든 공부들처럼 인류학에도 고전의 반열에 오른 좋은 책들이 많습니다. 인류학 공부의 시작으로 가장 좋은 책은 레비-스트로스의 『슬픈 열대』입니다. 이 책은 큰 틀에서는 기행문 형식을 취하고 있지만, 열대의 관찰지이면서도 자서전적 요소를 많이 갖고 있습니다. 『슬픈 열대』에는 프랑스의 백인 학자가 남아메리카 브라질 열대에 매혹되는 순간들, 서서히 유럽과 비유럽의 차이를 동찰하게 되는 과정들,

마지막으로 인류를 '배우고 기도하며 명상하는 존재'라고 다시 정의하는 모습이 나옵니다. 타문화를 관찰하면서 자기 상식의 한계를 깨 나가는 레비-스트로스의 모습은 감동적이지요. 『슬픈 열대』를 통해 타인과 나의 차이를 존중하는 태도, 둘 사이의 공통점을 포착하는 방법을 배울 수 있습니다.

그다음으로 읽으면 좋은 책은 말리노프스키의 책들입니다. 대표적으로 『산호섬의 경작지와 주술』, 그리고 『서태평양의 항해자들』이 있습니다. 레비-스트로스와 말리노프스키는 자본주의가 횡행하는 사회 속, 현대인들의 이기적인 세계관을 내려놓게 합니다. 두 저자가 인간사의 가장 굵직한 문제인 결혼과 장례, 농사와 교역의 문제를 다루었기 때문에 이들의 책에서부터 우리 일상을 돌아볼 수 있는 실질적 힌트를 얻을 수 있습니다. 앞 강의에서 말씀드렸듯이 육아나 국가에 대한 태도 같은 것들 말이지요. 두 저자의 책을 읽은 뒤에는 공생과 관련된 보다 현대적인 이슈를 다루는 인류학 책들을 찾아 읽을 수 있습니다.

급격한 기후변화, 극심해지는 인수공통 감염병 덕분에 동물이나 식물과의 공존이 초미의 화두가 되었으므로 인류가 동물을 어떻게 대했는지, 또 동물의 권리를 어떻게 가져

가야 할지를 연구한 책들을 찾아볼 수도 있습니다. 특히 프랑스 드 발(Frans de Waal)의『침팬지 폴리틱스』라든가『동물의 생각에 관한 생각』,『원숭이와 초밥 요리사』같은 책들은 동물과 인간 즉 자연과 문화 사이의 근원적 관계에 어떤 단절도 없음을, 저자 스스로가 영장류들과 교감하면서 연구하고 논증한 결과라서 아주 흥미롭습니다. 드 발이 소개하는, 침팬지들의 세계에서도 충분히 확인되는 권력 투쟁의 드라마라든가 보노보들의 들판에서 쉽게 볼 수 있는 뜨거운 소통의 열망을 따라가다 보면 인간성의 범위가 크게 확장되는 것도 경험할 수 있습니다.

더 확장해서 동물이나 식물을 인류와 동등한 차원에서 바라보았던 사바나나 툰드라 야생 부족들의 신화를 읽으며 만물에서 영성을 보는 '애니미즘'을 공부할 수도 있습니다. 에두아르도 콘(Eduardo Kohn)의『숲은 생각한다』는 인간에서부터 나무나 재규어 그리고 숲 전체가 서로 기호를 주고받는다는 것을 밝히는 책이지요. 툰드라에 사는 네네츠족의 신화『네네츠인 이야기』를 읽으면 사람은 온갖 동물들과 결혼도 할 수 있고 함께 자식을 낳아 기를 수도 있다는 것을 알게 됩니다. 서로 영혼을 공유하는 존재들 사이의 긴장과 갈등은 그 자체로 재미있지만, 다 읽고 나면 정말로 깊은 숲과

먼 바다가 친근하게 느껴집니다.

기계와의 공존을 모색해야 하는 지금, 기술 인류학이라 할 만한 책들도 있습니다. 팀 잉골드(Tim Ingold)의『만들기』는 인간이 자신의 의도를 자연에 투영해서 물건을 생산한다고 하는 만들기 개념을 바꿉니다. 잉골드는 '사람이 쪼갠 조각으로서의 돌'과 '자연이 깎은 독특한 모양의 돌' 사이에는 어떤 차이도 없다고 봅니다. 조각가가 아무리 자신의 예술적 재능을 발휘하려고 해도, 그는 먼저 돌을 찾아야 하며 그것을 깰 도구를 발견해야 하니까요. 어떤 돌을 만날 수 있느냐에 따라 그가 창발시킬 수 있는 형태도 달라지지요.

모든 것은 누군가의 의도를 받아들이는 물질의 능동적 수용성에 달려 있습니다. 바위의 입장에서는 사람이 깼든 바람이 깎았든 다르지 않습니다. 다만 사람이 손을 뗀 뒤에도 여전히 바람은 그의 조각에 계속 손을 대고 있다는 점에서, 만들기란 만물의 중단 없는 흐름을 타는 일이라고 할 수 있습니다. 그러니 인간이 깎은 돌이라고 해도, 작품의 생애는 조각가의 목적성을 훌쩍 뛰어넘게 됩니다. 팀 잉골드는 '인간의 기술'을 자연의 물질들이 상호관계하는 과정의 하나로 봅니다. 이런 기술 인류학 책을 읽으면, 인간의 문명이 거대한 우주적 흐름의 작은 일부라는 점을 절실히 깨닫게 됩니다.

그 밖에 읽어 보면 좋을 책은 인류라는 종 자체를 탐구한 연구서들입니다. 완전히 생물학 쪽으로 들어가지는 않아도 되고요. 현생인류인 호모 사피엔스의 고유한 특징들, 특히 정신활동의 특징 같은 부분을 연구한 좋은 책들이 있습니다. 황인종, 백인종, 흑인종 등, 인종을 분류하는 큰 틀이 있지만 결국 지구상에 지금 생존해 있는 인류는 오직 호모 사피엔스뿐입니다. 메소포타미아 문명과 황하 문명이 다르다지만, 어쨌든 둘 모두 호모 사피엔스의 작품이지요. 그렇다면 호모 사피엔스의 공통된 기질이나, 고유한 관심 등을 중심으로 연구한 책들을 읽어 보면 좋겠습니다. 차이 이전에 존재하는 인류의 공통점을 조금 알아 둔다면 낯선 문화, 낯선 이들도 결국 나와 무관한 존재들이 아님을 이해할 수 있습니다.

호모 사피엔스의 특징을 재미있게 소개한 책으로 '스티븐 미슨(Steven Mithen) 3부작'을 소개하고 싶습니다. 스티븐 미슨은 호모 사피엔스 마음의 역사를 연구했습니다. 그는 『마음의 역사』라는 책에서 후기 구석기인들이 4만 년 전에 남긴 동굴 벽화를 살핀 뒤에 오직 사피엔스만이 예술 활동을 할 수 있었냐며, 인류의 반물-관계적 지능 특징을 인지

고고학적 차원에서 설명했습니다.

『마음의 역사』도 흥미롭습니다만, 더 재미있는 책은『노래하는 네안데르탈인』입니다. 이 책은 호모 사피엔스가 직립을 하는 과정부터 다루는데요. 두 발로 걷기의 결과로서 모성이 출현하고 언어가 나왔다고 주장합니다. 4대 문명을 만들고 법과 문화를 탄생시킨 위대한 '인류'라지만 그 모든 위업도 두 발로 대지를 딛고 서게 되었기 때문에 가능했습니다.

저는 이 책을 통해 정신문화를 떠받치는 인간의 신체에 새삼 놀랐고, 그때부터 네 발을 가진 동물들과 천 개의 발을 가진 식물들에 대해서는 더 경이롭게 생각하게 되었습니다. 뿐만 아니라, 직립할 수밖에 없었던 지구사의 여러 변화(울창했던 아프리카의 숲이 점차 초지 천국 사바나로 변했던 일 등)를 찾아보며, 지구야말로 정말 떠날 수 없는 우리 모두의 어머니라는 생각을 했습니다.

'스티븐 마이든'이라는 이름으로 번역된 그의 저서『빙하 이후』도 흥미롭습니다. 이 책은 신석기 혁명이 '농경·국가·문자'의 삼위일체로 구성된 인류 최고(最高)의 혁명이라고 하는 관점을 비판합니다. 스티븐 미슨은 잉여 생산과 노동력 관리에 집착하는 문명 말고도, 인류가 다양한 수렵과

채집 생활을 오래, 폭넓게 했었다고 주장합니다. 그는 신석기 유적지 근처에서 발견된 다양한 인류 거주 형태들을 살핍니다. 오대양 육대주를 실제로 다 돌아다니면서 관찰하고 정리한 책이어서 내용이 방대한데, 인터넷으로 지도나 유적, 유물을 검색하면서 책을 따라가면 인류의 다양한 거주실험을 구체적으로 확인할 수 있습니다. 스티븐 미슨은 자신의 고고학 연구를 통해 인류가 기술에 대한 맹신으로 진보하고 싶은 욕망으로만 살지 않았다는 것을 주장합니다.

박물관과 유적지 답사

인류학 책을 읽으면서는 관련 유물이 있는 박물관이나 유적지를 찾는 것이 좋습니다. 나와 다른 모습을 하고 있는 사람들에 대해 공부하는 일이기 때문에 감이 잘 오지 않을 수 있습니다. 호모 사피엔스가 네안데르탈인과 이래저래 다르다지만, 실제 두 인류의 두개골을 한번 보지 않고는 충분히 이해할 수 없습니다.

박물관에 가면 일단 세 명의 상대와 대화를 하게 됩니다. 첫번째 대화 상대는 진열된 유물입니다. 선사 유물이 박물관에 전시되어 있기는 하지만, 그것을 만든 선사인은 후

손에게 전한다는 식의 보존적 가치를 전혀 생각하지 않았습니다. 주먹도끼라든가 빗살무늬토기 같은 유물들은 너무 유명해서 일단 보기만 하면 '아, 돌을 사방으로 깼구나, 그릇을 쥘 때 미끄러울까 봐 토기를 빚고 난 뒤 손잡이 부분에 금을 그었구나' 하고, 대충 생각하게는 됩니다. 하지만 사실 몇천 년 전에 그 유물을 만들었을 사람이 무엇을 생각했을지는 아무도 모릅니다.

유물과의 대화는 아무리 물어도 상대가 대답해 주지 않는다는 점에서 답답함만 커지는 일이 될 수도 있습니다. 하지만 도끼 하나를 보아도 여러 가능성 속에서 생각하고 또 생각해 보는 일은 의미 있습니다. 우리 주방의 식칼 하나도 전혀 다른 쓰임을 상상해 본다면, 집안일이 조금 다르게 다가오기도 하니까요.

두번째 상대는 유물을 전시한 전시 기획자, 더 크게 보면 '박물관'입니다. 전시실에는 유물이 하나만 덩그러니 놓여 있지 않습니다. 주먹도끼 하나라 해도 다른 유물과의 배치라든가, 전체 공간의 색감이나 배경 음악, 유독 그 박물관을 찾는 관람객이 만든 고유한 분위기까지 생각해 볼 수 있습니다. 공주 석장리에 있는 석장리박물관은 선사 박물관이지만, 실제로는 '구석기 유적을 발굴하는 사람들'에 대한 박물관입니다. 주먹도끼를 보러 갔더라 해도, 눈을 크게 뜨고 박물관 전체를 둘러보면 이 주먹도끼를 사랑한 1960년대 우리나라의 인류학자들과 석장리 사람들을 만날 수 있습니다.

대화의 마지막 대상은 바로 자신입니다. 유물을 하나만 보고 돌아온다고 해도 애써 시간을 내야 하고 돈을 써야 합니다. 특히 구석기 박물관 같은 경우는 서울시를 기준으로 북쪽으로는 경기 북부인 연천(전곡선사박물관), 남으로는 차로 달려 두 시간 넘게 걸리는 공주(석장리박물관)에 있습니다. 신석기로 확대하면 동해의 양양, 부산의 동삼동까지 한반도 삼면 바다의 끝자락에 유적지가 있습니다. 그렇게 멀리까지 공부를 하러 떠나야 하기 때문에 내가 무엇을 왜 공부하는지 질문하지 않을 수 없지요.

박물관 안에서는 특히 눈길을 끄는 나만의 유물도 찾을 수 있습니다. 내가 왜 하필 바로 그 유물 앞에 발길이 머무는지를 생각하다 보면, 일천한 경험밖에 없는 하루하루를 보냈다 해도, 실은 그 안에 아주 많은 추억과 생각거리가 있음을 알 수 있습니다. 유물을 바라보는 나를 이해하는 일이 실은 더 어렵다는 점과 함께 말이지요.

박물관에 가면, 정돈된 모습의 유물과 그에 관한 상세한 설명까지 볼 수 있으니 좋습니다. 그런데 꼭 유물이 있는 그 박물관에 가지 않아도 됩니다. 유물이 출토된 장소는 어디라도 생각할 거리를 줍니다. 지금은 현대식 건물이 올라가 있을 수도 있고, 아예 방치되고 말았을 수도 있습니다. 하지만 그곳에서 우리는 몇만 년 전, 몇천 년 전, 누군가가 살고 죽은 자리가 주는 여운을 느낄 수 있습니다.

울산에서 남쪽으로 내려가면 울주군에 신암리라고 있습니다. 한반도 최초의 비너스 조각상이 나온 곳인데요, 유물 자체는 국립중앙박물관에 있습니다만 출토처를 한번 가보게 되었습니다. 동네를 한참 돌아다니고 주민센터까지 찾아가 여쭙기도 했지만 발굴이 이루어진 장소를 찾지 못했습니다. 탐정놀이하듯 재미있기도 했고, 결과가 좋지 않아 허탈하기도 했습니다. 하지만 몇천 년 전 신암리에서 누가 돌을 깨고 깎아 여성의 몸 모양으로 조각을 했다고 하니 작은 바닷가 마을이 품고 있는 시간의 크기나 무게가 결코 작지 않았습니다. 인류학 답사는 정답을 찾는 기행이 아닙니다. 헤매고 실패하면서 어떤 누군가를 이해하고 싶다는 마음을 계속 키우는 일입니다.

답사기 쓰기

답사는 되도록 친구들과 함께 하는 것이 좋습니다. 관련된 책을 읽고 가거나 가서 도슨트 선생님의 설명을 듣거나 해도 좋지만, 각자 유물 앞에서 서성이다가 잠깐씩이라도 궁금함을 나누면 유물에 대해서도 서로에 대해서도 많이 알게 됩니다.

'아~ 나뭇결을 살려서 조각을 했다니 도대체 조각칼을 뭘로 쓴 거야?', '이렇게 검고 굵은 머리카락으로 가면을 장식할 생각을 어떻게 한 거지?' 하는 식으로 유물 탄생의 맥락을 함께 토론하다 보면 각자의 삶에서 그 유물과 관련된 온갖 에피소드들이 자연스럽게 나옵니다. 사냥 한번 해본 적이 없고, 도토리나 밤 한번 주워 본 적이 없다면, 박물관의 창이나 바구니에 대해 뭐 더 궁금함이 생길 리도 없겠지요. 그런데 우리가 살아온 환경과 가져온 관심이 다르다면, 같은 유물을 보고 전혀 다른 방식으로 질문하게 되고, 그런 차이 나는 관점에서 드는 생각들을 나누다 보면 뻔해 보이는 주먹도끼라 해도 아주 풍부하게 해석하게 됩니다. 그러니 각기 사는 처지도 다르고 취향도 다른 친구들끼리 함께 가면 더 좋겠지요.

이런 토론 끝에 박물관 계단이나 근처 카페에 앉아 종이를 펴고 연필을 들어 몇 줄을 남기면 정말 좋은 문장이 나옵니다. '주먹도끼가 아주 크고 날카로워 보였다'라는 평범한 한 문장을 쓰더라도 내 몸을 관통하고 친구들과의 대화를 통과했기 때문에 그런 문장에는 진심이 담길 수밖에 없습니다.

집으로 돌아와서는 바로 답사 일지를 쓰는 것이 좋습니다. 찍은 사진들을 다시 보면서, 특별히 내가 오래 머물렀던 유물과 아주 독특했던 어떤 해석들을 따로 정리해 두기도 해야지요. 사진으로 찍은 유물은 한번 연필로 그려 보는 것도 좋습니다. 이렇게 도구를 쓰는 인간으로서 함께 돌아다니고, 관찰하며 생각하기를 좋아하는 인간의 본래 모습대로 하루를 보내고 나면 마음이 넉넉해집니다. 기술의 인류, 언어의 인류 등 큰 주제로 공부해 볼 화두가 떠오르게도 됩니다. 사물에 깃든 시간을 느끼고, 그 사물과 만난 나를 존중하는 글쓰기는 답사에서 돌아온 일상에 힘이 됩니다.

인류학 답사기에 특별한 양식은 없습니다. 왜 그곳을 찾게 되었는지, 가서 무엇을 보았는지, 그리고 어떤 생각을 새롭게 하게 되었는지 자연스럽게 정리하면 됩니다. 하나의 예로, 저의 선사유적 답사기 한 편을 읽어 드리면서 강의를 마칠까 합니다.

인류학 기행문 쓰기 예시

울산 반구대 암각화의 지성과 영성

700만 년 전, 영장류에서 분기한 인류, 오스트랄로피테쿠스로부터 호모 사피엔스에 이르기까지 몇만 년의 세월을 살고 또 살아온 이 인류의 타자 의식을 잘 들여다볼 수 있는 유물이 어디 없을까요? 타자 중의 타자, 우리 각자를 살리고 죽이는 삶의 저편, 우리는 그것을 신(神)이라고 합니다. 저는 한반도의 신성함을 확인할 수 있는 유물을 살펴보기 위해서, 동쪽 울산의 반구대를 찾았습니다.

울산 반구대에는 선사 암각화가 있습니다. 대곡천 옆에 붙어 있는데요, 높이 4미터, 너비 10미터의 벽에 7000년 전부터 신라시대까지 많은 사람들이 새겨 넣은 기호와 그림, 글자들이 남아 있습니다. 75종, 300여 점! 무려 몇천 년을 사랑받은 암벽입니다. 고래를 꿈꾸던 어부도 호랑이를 욕망하던 사냥꾼도 왕행을 따라왔던 서기들도 이 벽에 뭔가를 새기려고 했습니다. 기원전 4000년 고대 메소포타미아에서 누군가 점토에 장부를 쓰고, 기원전 2000년 무렵 고대 그리스의 호메로스가 서사시를 쓸 때, 한반도의 누군가는 반구대에 가서 돌에 무언가를 새겼습니다.

제가 살고 있는 세종에서 울산까지는, 중부 내륙에서 동해로 가는 것이어서 안에서 바깥으로의 여행도 되었습니다만 선사인을 만나러 가는 것이니 표층에서 심층으로의 여행이기도 했습니다. 긴 시간이 지루하지 않았습니다. 봄기운이 올라오는 고속도로 주변의 나무들을 보면서 과거로 돌아가는 기분을 즐겼습니다.

태화강 상류의 신성함

대곡리 암각화를 보면 우선 이런 의문이 듭니다. '왜 이렇게 많이 그렸을까?' 이 장소가 특이한 것은 엄청난 수의 고래 그림 때문입니다. 물론 고래 말고도 다양한 육지 동물이 그려져 있지만 핵심은 역시 고래입니다. 지금 반구대는 태화강 상류 쪽에 있기 때문에 바다로 나가기 위해서는 자동차로도 이십 분이 더 걸립니다. 걸어서 산길을 넘어야 한다면 더 시간이 걸릴 테지요. 선사인들은 왜 이 깊은 곳에 들어와 고래를 그렸을까요?

신석기 시대는 간빙기여서, 기후가 전체적으로 온난해지면서 빙하의 크기가 줄어 바다가 훨씬 더 내륙으로 들어와 있었다고 합니다. 하지만 그렇다고는 해도 신라 시대(기원전 57~기원후 676)까지 반구대에서 사람들이 그림을 그렸다는 점은 어떻게 설명할 수 있을까요? 그러고 보니 석벽 한가운데 그려진 호랑이도 좀 독특해 보였습니다. 이곳은 호랑이가 살 법한 깊은 숲속은 아니기 때문입니다. 왜 많은 사람들이 여기까지 와서 거의 천 년 이상을 뭔가 해보려 했던 것일까요?

태화강은 봄에 바다에서 강으로 거슬러 올라오는 황어 떼로 장관을 이루는 곳입니다.* 오래전 동해 사람들에게는 이곳이 바다가 시작되는 곳이었을 수 있습니다. 알을 낳기 위해 황어가 돌아오는, 모성의 근원으로서 말입니다. 또 하나 특징적인 것은 암각화가 있는 석벽까지 계곡이 매우 구불구불하게 이어져 있다는 점입니다. 이른 봄인 데다가 가물어 물이 거의 없었지만 만약 장마철에 물이 크게 불어난다면 솟구치는 물길 때문에 전혀 다른 공간이 될 것입니다. 물이 아홉 번 굽이친다고 해서 태화강 '백련구곡'이라고까지 불립니다.

마르고 건조한 겨울에는 숨죽이듯 평범한 동네 계곡이지만 한여름 폭우에는 용솟음치는 생명력의 장이 될지도 모릅니다. 물보라는 엄청난 소리로 인간을, 숲 전체를 압도하겠지요. 반구대 앞에 이르고 보니, 계곡이 하늘에서 흘러가는 구름에 따라 밝아졌다가 어두워졌다가 했습니다. 석벽이 환하게 빛을 받

---

* 전호태, 『반구대 이야기 — 새김에서 기억으로』, 성균관대학교출판부, 2023, 제1부 참고.

아 반짝이다가, 갑자기 그림자가 드리워져 그림을 볼 수 없을 것 같기도 했습니다. 반구대는 때의 변화에 따라 공간의 느낌이 확확 달라지는 곳임을 생각해 볼 수 있었습니다. 그렇다면 반구대는 단지 새기기 쉬운 벽이어서가 아니라, 계절에 따라 변화무쌍한 우주 자연의 역동성을 느낄 수 있는 장소이기에 선택된 것이 아닐까요?

1940년에 발견된 1만 년도 더 된 선사 그림들로 가득한 동굴 라스코도 어느 조용한 시골 마을에 있었습니다. 동네 꼬마들이 잃어버린 개를 찾다가 발견했다고 하지요. 일상 속에 늘 있는 장소인데, 문득 들어가면 성소가 되는 것입니다. 라스코도 겉은 평범한데 내부가 대단히 굴곡이 심해서 성인은 편안하게 걸어서 돌아다니기 어렵다고 합니다. 굴 안이 다양한 형태로 굽이치기도 하고 내려앉기도 해서 갖고 들어간 빛에 따라 내부 공간이 역동적 에너지의 장처럼 느껴진다고 합니다. 태화강의 백련구곡과 마찬가지입니다.

기도는 손으로 하는 일

반구대에 그린 고래들은 아주 정확해 보였습니다. 고래의 종류별로 그 생태적인 특징이 잘 나타나 있었습니다. 그런데 이 그림들은 자세하기도 했지만, 전부 겹쳐서 표현되어 있었습니다. 고래를 새겼을 때가 어두운 밤이어서, 혹은 샤먼이 트랜스 상태에서 신과 접신하는 와중에 그렸기 때문에 겹쳐 표현하게 되었을까요?

어쨌든 이 겹침 기법으로 보아, 선사인들이 동물의 형상을 '있는 그대로' 표현할 의도는 없었다고 할 수 있었습니다. 고래를 많이 잡고 싶은 바람을 담아 고래들을 겹쳐 반복적으로 새겼을 수도 있겠습니다. 그런데 이런 겹쳐 그리는 기법이 반구대만의 것은 아닙니다. 라스코 동굴에 그려진 황소들, 말들도 전부 오버랩되어 있습니다.

이 부분을 해석하기 위해 선사 인류학자들은 라스코 동굴 내부의 '반인반수' 형상에 주목했습니다. 라스코에는 말 그대로 하반신은 인간이고 상반신은 동물인 형상이 동굴 안쪽 깊이 그려져 있는데, 그의 옆에 내장이 쏟아지는 황소가 함께 그려져 있다고 합니다. 인류학자들은 반인반수를 인간과 동물이, 생과 사가 연결되어 있음에 대한 선사인들의 해석으로 읽습니다. 라스코의 화가들이 반인반수의 상을 통해 서로 죽이며 사는 동식물의 운명을 이해했다면, 반구대의 화가들도 마찬가지가 아니었을까요?

반구대의 화가들도 고래를 겹쳐 그리면서 단단한 돌과 약동하는 생명의 관계를 이해하려 애썼을지도 모르겠습니다. 먼

바다의 고래와 깊은 숲속의 호랑이가 결국 우주의 자식이라는 점에서 다르지 않다는 것을, 인간도 그들 중 하나에 불과하다는 것을, 반구대의 화가들은 경이로운 우주의 질서와 삶의 이치를 이해하기 위해 새기고 또 새겼을 것 같습니다.

반구대가 잊힌 이유

저는 반구대를 나오면서 숲속에서 먼바다를 상상하고, 잡은 것들을 떠올리며 태어날 생명을 명상했던 조각가이자 성인을 떠올릴 수 있었습니다. 그들에게 조각은 기도가 아니었을까, 생각해 보게도 되었습니다.

깊은 감동을 받고 반구대를 나오면서, 또 다른 기도처를 찾아보고 싶어졌습니다. 그래서 가까이에 있는 경주 불국사에 가 보았습니다. 3월 초라 따뜻해지는 날씨에 많은 관광객과 신도들이 절을 찾았습니다. 불국사는 경상북도 경주시 토함산(吐含山) 서쪽 중턱에 있는, 남북국시대 통일신라 김대성의 발원(751년)으로 창건한 사찰입니다. 사찰 전체가 붓다의 가르침으로 가득했습니다. 다보탑과 석가탑만이 아니라 대웅전, 극락전, 나한전, 관음전 등이 장엄했고, 일주문, 천왕문 등 법의 세계로 들어가고 나가는 일의 의미가 특별했습니다. 불국사에서는 돌 하나, 나무 한 그루도 다 붓다의 뜻일 것이기에, 붓다의 제자라면 그 하나하나 앞에 몸을 숙여 경배할 수밖에 없을 것 같았습니다.

그런데 다보탑과 석가탑을 보니 조금 다른 생각도 들었습니다. 둘 모두 돌로 작업했습니다. 반구대도 돌벽이었지요. 돌을 회화의 장으로 활용하는 것과 조각의 장으로 활용하는 것에는 어떤 차이가 있을까요? 탑은 신성함에 대한 어떤 의식으로 만드는 것일까요? 일단 탑에는 조형성이 더욱 강조됩니다. 인간의 손길로 자연물을 더 적극적으로 변형시켜야 하니 '겹쳐 표현'하기보다는 형태가 확실히 드러나야 합니다. 게다가 탑은 높이가 중요합니다. 라스코 선사인들은 우주자연의 이치를 파악하기 위해 동굴로 내려갔는데, 불국사의 탑은 하늘을 향해 올라가고 있었습니다.

불국사를 나와 석굴암까지를 보고 나오니 '문무대왕릉 가는 길'이라는 안내판이 보였습니다. 그래서 바다도 보고 대왕님도 만나기 위해 대왕릉이 있는 봉길리로 향했습니다. 그런데 바닷가 여기저기에 촛불이 피워져 있고 제사를 모시는 분들이 많아 놀랐습니다. 주차장 인근의 횟집들은 모두 굿판을 준비하고 있었고, 여기저기 기도가 한창이었습니다(지금은 시의 단속으로 더는 굿을 하지 않는다고 합니다).

문무암은 아무 생각 없이 보면 그저 바위입니다. 문무왕은 자신의 시신을 불교식으로 화장해 달라고 유언했습니다. 유골을 동해에 안장하면 용이 되어 침입해 들어오는 왜구를 막겠다고 했습니다. 문무왕 재위 21년인, 681년의 일입니다. 아들 신문왕은 동해의 용이 된 부왕을 위해 인근에 왕사(王寺) 감은사를 세우고 용이 드나들 수 있는 수로를 팠다고 합니다. 이 수로가 동해로 이어져 대왕암으로 직결된다고 하는데, 지금은 퇴적이 일어나 수로가 확실히 보이지는 않습니다. 신문왕이 만든 전망대인 이견대(利見臺)는 대왕암이 내려다보이는 언덕 위에 있었습니다. 대왕암을 신성시해서 오랫동안 해녀들은 이 근처에 가지 않았다고도 합니다.

반구대에서의 기도와, 불국사에서의 기도, 대왕암 앞에서의 기도는 같은 것일까요? 반구의 선사인들은 많은 고래들을 그림으로써 좀 더 자연에, 우주의 신비에 다가가려 했습니다. 불국사의 신도들은 부처님의 뜻을 이해하기 위해 절을 하고 탑을 돌았습니다. 대왕암 앞에서 촛불을 켜는 사람들에게도 이해할 것이 있고, 빌 것이 있겠지요.

어느새 점심 시간이 되어 가까이 감포의 냉면집에 가게 되었습니다. 마침 그 앞이 지질명소라고 하는 말을 듣게 되었습니다. 뜻하지 않게 백악기 주상절리를 볼 수 있었습니다. 주상절리는 주로 화산암 지대에서 발견할 수 있는 위로 솟은 육각형 모양의 돌기둥입니다. 마그마가 갑자기 굳어 육각의 형태가 된 것인데, 그만큼 급하게 굳을 수 있는 곳은 물이 많은 바다일 수밖에 없으니 바닷가 근처에 주로 발견됩니다. 서해안 부안의 적벽강에도 있습니다.

그런데 감포의 주상절리는 위로 솟은 것만이 아니라 부채꼴 주상절리, 기울어진 주상절리, 누워 있는 주상절리 등 형태가 다양했습니다. 특히 부채꼴 주상절리는 한반도 유일의 것으로 육각의 돌기둥들이 파도처럼 굽이치며 우아한 곡선을 자랑했습니다. 직선으로 굳어진 돌들이 바다 위에서 요동치는 것을 보니 참으로 신비했습니다. 저는 가볍게 묵례를 할 수밖에 없었습니다. 인간이 얼마나 작은 존재인지, 돌과 바다가 함께 만드는 세계가 얼마나 큰지를 실감할 수 있었기 때문입니다. 자연의 위대한 힘 앞에 미미한 저를 돌아보게 되었습니다.

하지만 대반전이 저를 기다리고 있었습니다. 짧은 기도를 끝내고 고개를 드니 주변 여기저기에 쓰레기가 뒹굴고 있었습니다. 불경하게 누가 쓰레기를 버렸을까요? 반구대의 석벽은 물길이 굽이치고 고래와 호랑이가 만날 수도 있는 신이한 장소로 선사인들에게 그곳은 성당이었습니다. 그런데 그만큼 자연의 힘과 위용이 느껴지는 감포의 주상절리는 버림받고 있었습니다. 대왕릉 앞바다의 북적거림과 대비하면 더 횡덩한 일이었습니다. 언제부터 우리가 숲이나 바다, 돌과 나무에 기도하기를 멈추고 왕에게 소원을 빌게 되었을까요? 반구대의 신을 버리고 문무대왕이라는 신을 향해 손을 모으게 되는 역사적 경위와, 그렇게 기도하는 사람들의 마음이 더욱 궁금해졌습니다.

신화와 종교,

내 인생의
신화를 찾아서

김영

내면으로의 출발

안녕하세요. 신화와 종교라는 주제로 마지막 강의를 맡은 김영입니다. 앞에서 인문학을 왜 공부해야 하는가에 대한 이야기를 많이 들으셨을 텐데요. 신화와 종교라는 주제는 앞서 들으셨던 인문학의 토대가 있어야 접근할 수 있는 분야입니다. 그래서 네번째 마지막 시간에 '신화와 종교' 과목이 놓인 것이 아닌가 합니다.

제자의 자격

지금 인문학 강의라는 제목으로 '신화와 종교'라는 주제를 말씀드리고 있지만, 사실 인문학의 범주에서 살짝 비켜나 있는 게 신화와 종교거든요. 심리학으로 신화와 종교라는 주제를 다루려면 우선 프로이트(Sigmund Freud)와 융(Carl G. Jung)이라는 사람에 대해 알 필요가 있습니다. 프로이트가 무의식을 발견한 학자라면, 융은 집단무의식을 발견한 학자로서 프로이트의 제자쯤으로 여겨지는 인물이죠. 심리학적인 측면에서 프로이트는 인생의 전반부에서 일어나는 일을, 융은 후반부에 일어나는 일을 다루고 있습니다. 부모와 환경의 영향에서 벗어나서 나 자신을 어떻게 구축하는가 하는 문제, 즉 에고의 구축을 프로이트가 다루었다면, 나라는 좁고 협소한 범주의 존재를 어떻게 확장할 것인가 하는 문제에 융은 관심을 가졌습니다.

프로이트는 인간이 어머니 뱃속에서 태어나 사춘기와 청년기를 지나면서 어떻게 어머니, 그러니까 부모로부터 독립하는가를 이야기하는데요. 이건 에고, 즉 자의식을 어떻게 구축해서 '나'라는 인간을 빚어낼 것인가라는 관심사와 통합니다. 그래서 나를 낳은 어머니의 자궁을 어떻게 극복할 것인지가 중요한 문제라고 할 수 있습니다. 이에 비해 융의 주제는 중년·장년·노년을 지나면서 어떻게 나 자신을 확장하고 알량한 자의식을 굴복시켜서, 세상 속에 나라는 존재를 녹여 없앨 것인가입니다. 그래서 남근이라는 상징이 중요합니다. 남근은 세상에 나가서 성취하는 힘을 말하거든요.

이번 시간에는 이런 프로이트와 융의 구도를 놓고 인문학과 신화 혹은 종교라는 문제를 살펴볼 텐데요. 여러분이 앞의 강의들에서 공부하신 인문학은 인생의 전반부에 필요한 학문일까요, 아니면 후반부에 필요한 학문일까요? 저는 인문학이 전반부에 필요한 학문이라고 생각합니다. 인생의 후반부를 다루는 것이 신화와 종교라고 할 수 있고요. 그렇기 때문에 인문학에서 신화와 종교로 건너뛰기 위해서는, 인도에서 말하는 '제자의 자격'을 갖춰야 한다는 것을 먼저 말씀드리고 싶습니다.

인도에서는 공부를 하는 데 '제자의 자격'을 요구합니다. 인문학은 이성의 학문이고 머리로 할 수 있는 학문이죠. 대체로 이성의 영역, 즉 로고스의 영역에 속해 있다고 할 수 있습니다. 로고스에 대비되는 개념이 에로스죠. 에로스는 보통 사랑이나 자비, 연민 같은 말로 번역되는데, 저는 직관 혹은 지혜라고 번역하려고 합니다. 배워서 알 수 있는 지혜가 아니라 직관으로 느껴야 하는 지혜가 에로스죠. 인문학의 영역에서 신화와 종교의 영역으로 건너뛰는 것은 로고스에서 에로스의 영역으로 넘어가는 것인데, 이때 제자의 자격이 필요하다고 합니다. 인도에서는 인생의 전반부를 마무리하지 못한 사람을 제자로 받아들이지 않습니다. 그게 무슨 뜻일까요? 자기 자신에 대해서 잘 안다고 자처하는 에고가 확실히 구축되지 않으면, 이 신비와 직관과 지혜의 영역에 들어갈 수 없다는 뜻입니다. 왜냐하면 그 영역에 들어갔을 때, 부서질 에고가 있어야 하기 때문입니다.

직관과 신비, 지혜의 영역이 어떤 곳이기에 에고가 부서지는 걸까요? 신화와 종교 강의를 한다고 하면, 그리스 로마 신화나 기독교·불교·힌두교 같은 걸 다룬다고 생각하기 쉬운데, 지금 말씀드리는 신화와 종교는 그런 것과는 조금 다릅니다. '심층'이라는 말이 붙어서 '신화와 심층종교'를 다룰 예정인데요. 여기에는 세 층위가 있습니다. '나'라는 차원, '우리'라는 사회의 차원, 그리고 우주를 포함하는 '모두'의 차원이 그것입니다. 이 내용을 신화와 '심층종교'에 관해 말씀드리면서 하나씩 살펴보겠습니다.

조신의 꿈 : 신화의 세 층위

우선 신화란 어떤 것인지에 대해 이야기를 시작해 볼까 합니다. 『삼국유사』에는 '조신의 꿈'이라는 이야기가 있죠. 조신이라는 승려가 태수의 아름다운 딸을 사모해서 낙산사 관음보살에게 연분을 맺게 해달라고 소원을 빌었습니다. 빈 보람도 없이, 태수의 딸이 혼인한다는 소식을 듣지요. 그래서 조신은 관음보살을 원망하면서 잠에 듭니다. 그런데 그날 밤에 태수의 딸이 몰래 찾아와, 사실은 조신을 사모하고 있었다고 해요. 둘은 야반도주를 하죠. 고향으로 도망가서 40년 동안 부부로 삽니다. 행복하게 백년해로했을까요? 자식을 다섯이나 두었지만, 부부는 너무 가난했어요. 그래서 첫째 애는 굶어 죽고, 열 살 난 막내는 걸식하러 갔다가 개에 물려서 끙끙 앓죠. 그렇게 자식들이 굶고 앓아도 해줄 수 있는 게 없었습니다. 생활이 이렇게 비참하자, 아내가 조신에게 그만 헤어지자고 하죠. 조신도 동의하고 남은 아이들을 둘씩 나누어 맡은 뒤 길을 떠나려고 합니다. 그러다가 잠에서 깨죠. 그 모든 것이 하룻밤 꿈이었던 겁니다. 이 꿈을 꾸고 깨어나자, 조신의 머리는 하얗게 새어 있었다고 하죠. 꿈에서 깨고 나서 조신은 삶이 일장춘몽이라는 것을 깨닫고, 정토사라는 절을 세운 뒤에 종적을 감추었다는 것이 『삼국유사』에 나오는 이야기입니다. 이 이야기는 영화로도 만들어졌습니다. 안성기가 조신으로, 황신혜가 태수 딸로 나오는 옛날 영화죠.

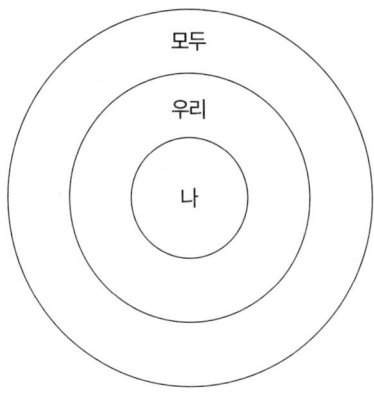

신화의 세 층위

앞서 말씀드린 세 층위를 가지고 이 이야기를 해보죠. 우선 이 이야기를 '나'라는 차원에서 이해해 볼 수 있을까요? 내가 조신이라면 이런 꿈을 꾸고 나서 어떤 생각을 했을까요? 태수의 딸을 다시 만나고 싶은 생각이 날까요? 이미 꿈에서 40년 부부생활을 했는데, 인생이 허무하다는 것을 절실하게 깨닫지 않았을까요? 이렇게 세상이 무상하고 꿈과 같다는 걸 절실히 깨닫는 것이 나의 차원입니다.

그럼 '우리'라는 측면에서 이 이야기를 어떻게 설명할 수 있을까요? 당시 고려 말의 시대적 상황을 보면, 이 이야기에는 불교 이데올로기가 들어가 있습니다. 이데올로기라는 것은 이렇게 살아야 한다고 강요하는 것이죠. 이야기 끝에 인생이 무상하다는 걸 깨닫고 정토사라는 절을 세웠다고 하잖아요. 절을 열심히 지어서 불교를 흥성하게 해야 한다는 불교 이데올로기가 들어 있습니다. 신화든 종교든, 사회적인 측면에서 바라보면 이데올로기적인 측면을 발견할 수 있지요.

마지막으로 모두의 차원, 우주적인 차원에서 조신 이야기는 어떻게 해석할 수 있을까요? 비슷한 이야기 가운데, 장자의 꿈이 있죠. 장자가 꿈을 꿨는데, 꿈속에서 나비가 된 겁니다. 그러다가 깨어나서 장자가 '내가 꿈에서 나비가 된 것인지, 나비가 꿈에 내가 된 것인지 알 수가 없구나'라는 말을 합니다. 이것이 그 유명한 '호접몽'(胡蝶夢)이죠. 이런 이야기들은 특정 세계관을 담고 있는데, 그 세계관이 바로 모두의 층위에서 나오는 겁니다. 그럼 조신의 꿈이라는 설화에 들어 있는 세계관은 무엇일까요? 인도에서 가장 흔한, '이 세상은 모두 꿈이다'라는 세계관입니다. 이걸 인도에서는 '마야'라고 부릅니다. 꿈에 불과한 세상을 실제처럼 만드는 힘을 마야라고 합니다. 마야라는 세계관에서 보면, 조신의 꿈 이야기에는 더 어려운 신비가 숨어 있습니다. 보통 꿈에서 깨어난 다음에는, '내가 꿈에서 깨어났구나'라고 생각합니다. 하지만 인도에서는 지금 꿈에서 깬 '나'까지도 꿈이고, '나'라는 꿈을 꾸는 존재는 따로 있다고 합니다. 우리 모두는 어떤 존재가 꾸는 꿈속에 있지요. 이게 인도에서 말하는 마야의 진짜 의미인데요. 이 주제가 인도에서 얘기하는 신비주의의 핵심일 수도 있습니다. 이런 식으로 어떤 이야기 속에 담긴 세계관 전체를 보는 것이, 모두 혹은 우주적 차원에서 신화를 보는 방식이라고 할 수 있습니다.

심층종교, 내면의 신성 탐구

이제 종교에 대해서 말씀을 드릴 텐데요. 지금 말씀드리려는 '종교'는 통상적인 의미의 종교가 아닙니다. 사실 저는 신을 믿지 않습니다. 무신론자지만 신성을 믿고요. 그래서 제가 종교라고 이야기할 때는 앞에 '심층'이라는 말을 붙여서 '심층종교'라고 이해를 하시면 됩니다. 우리의 내면 깊숙한 곳에 있는 존재, 앞서 말씀드렸던 '나라는 꿈'을 꾸는 존재를 이야기하는 것이 심층종교라고 할 수 있습니다.

앞에서 보았던 도식을 뒤집어서 이해하면 좋은데요. 앞의 그림에서는 '나'가 가장 안쪽에 있고, 그것이 사회와 우주

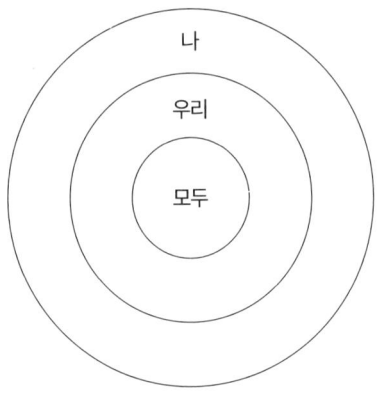

내면을 향한 길

로 확산되는 모양을 보여 주고 있죠. 그런데 심층종교에서는 '나'가 가장 바깥에 있고 '우리'가 가운데, '모두'가 제일 안쪽에 있습니다. 이 말은 곧 세계를 만나기 위해서 내면으로 들어가야 한다는 뜻입니다. 내면으로 들어가는 과정에서 나를 제일 먼저 만나고, 그다음에 우리, 종국에는 우주 혹은 모두를 만나게 된다는 것이 심층종교의 가르침입니다. 조지프 캠벨(Joseph Campbell)이라는 신화학자는 이 과정에 대해 이야기합니다. 추악한 그림자를 찾으려고 우리는 내면으로 들어가지만, 내면에는 가장 신성한 신이 있다고요. 타인에 대한 증오 때문에 우리는 내면의 전쟁을 겪지만, 정말로 증오

하는 것은 나 자신입니다. 내면에 들어가는 것이 외로운 싸움이라고 생각하지만, 사실 내면에는 세계가 있다고 조지프 캠벨은 말하죠. 이해하기 쉽지 않지만, 다음 시간까지 두 번의 강의를 통해 이 내면의 길을 안내하는 것이 이 강의의 목표입니다. '신화와 종교의 길을 통해서 무엇을 만나는가?'라는 목표를 제시한다면, 이 강의는 성공적이라고 할 수 있겠죠.

지금까지 세 가지 층위를 말씀드렸는데, 이 세 층위가 사실 하나라는 것을 눈치채셨나요? '나'를 알기 위해서 노력하는 길이, 사실은 사회와 우주를 이해하는 길과 통한다는 겁니다. 우리 우주와 우리 세계, 우리 사회를 이해해야 나 자신도 이해할 수 있죠. 반대로 말하면, 나를 이해하면 세계와 우주까지도 이해할 수 있다는 뜻입니다. 여기서 다시 처음 질문으로 돌아가 보죠. 인도학에서 왜 제자의 자격을 요구하는지에 대해서 이제 답할 수 있습니다. '나'가 준비되지 않은 사람은, '우리'와 '모두'의 측면을 이해할 수 없기 때문입니다. 그렇기 때문에 '나'가 준비된, 제자의 자격을 갖춘 자만을 받아들이고 가르쳐야 '우리'와 '모두'의 차원을 일깨워 줄 수 있다고 합니다.

'나'를 준비하는 것은 스승이 해줄 수 없습니다. 저는 중

인도 푸네라는 곳에서 공부했는데요. 그곳에는 사부님이 여럿 계셨습니다. 그분들께 저는 불평을 했어요. '공부하겠다는 애가 왔으니, 차근차근 가르쳐서 이끌어주셔야 하는 게 아닌가? 왜 저렇게 무심하시지?' 이런 생각 때문에 화를 내기도 했습니다. 하지만 나를 구축하는 일은 스승이든 누구든 도와줄 수 없어요. 왜냐하면, 사람마다 방법이 다르기 때문입니다. 성격과 기질이 저마다 다르기 때문에, '나'를 구축하는 방법도 다 다릅니다. 그래서 도와줄 수가 없어요. 여러분 모두 앞선 강의를 들으셨지만, 똑같은 강의를 듣고도 내가 어떤 사람인지를 아는 데에는 정말 큰 차이가 있습니다. 그러니까 거기까지는 알아서 공부하는 겁니다. 로고스의 영역에서는, 머리로 공부하면서 계속 '나'를 쌓아 갈 수 있거든요.

인문학이 필수적인 이유는 나를 구축하는 데 가장 도움을 많이 주기 때문에 그렇습니다. 물론 인문학 공부가 다는 아니겠죠. 제가 인도에서 잠시 귀국했을 때, 지리산에서 오미자 따는 일을 하면서 지냈거든요. 그때 윗집의 여든 넘으신 할머니는 평생 무학이셨지만, 14년 공부한 저보다 훨씬 더 신비에 대해 잘 아셨어요. "모종 언제 심어야 돼요?"라고 여쭈면, "밤꽃 필 때 심어야지"라고 대답을 하셨죠. 이런 지혜는 공부를 통해서 전해지지 않죠. 무학으로도 성취를 이룰 수 있습니다. 하지만 에고를 가장 빠르게 구축하는 길은 인문학이지요. 나 자신에 대해 알게 하고, 나 자신을 어떤 사람으로 만들어 가야 하는지에 대해 알게 하는 학문이 인문학이니까요.

삶의 의미화

그럼, 자신이 제자의 자격을 갖추었다는 것은 어떻게 알 수 있을까요? 내가 내 자신인지 테스트를 해보면 되는데요. 조지프 캠벨을 비롯한 신화학자들은 이런 테스트의 일종으로 '의미화'를 씁니다. '의미화'는 말 그대로 '의미 있게 만드는 것'이지요. 자신이 지금까지 살아온 인생을, 구슬 꿰듯이 하나의 의미로 엮어 내는 것이 바로 의미화입니다.

지금부터 예시로, 제가 살아온 인생의 의미화를 시도해 보려고 합니다. 여러분도 제 이야기를 들으시면서, 자신의 인생이 어떻게 하나의 의미로 꿰어질 수 있을지를 한번 생각해 보시면 좋겠습니다. 이런 의미화의 과정을 통해서 '나'를 구축할 수 있어요. 이것을 통과해야 제자의 자격을 갖춘 셈입니다.

제 인생에서 처음으로, 충격과 공포 때문에 삶의 화두를 받아들인 것이 중학교 1~2학년 때였어요. 한참 사춘기를 지나고 있을 때죠. 그때 저와 같은 학년인 남자애가 제가 나온 초등학교 여학생을 화장실로 끌고 가서 살해한 사건이 있었어요. 험한 곳도 아니고 아주 잘 산다는 동네에서 그런 사건이 일어났습니다. 그런데 제 짝이 중학교가 갈리기 전까지는 그 살인 사건을 저지른 아이와 가장 친했다는 거예요. 순하고 말수 적고 부모님 말씀에 잘 따르는 친구였다는 겁니다. 이 사건에서 저도 큰 충격을 받았는데요. '그 아이와 나는 뭐가 달라서 한 명은 살인자가 되고, 다른 한 명은 수업을 들으며 교실에 앉아 있을까?'라는 것이 제 인생의 첫번째 화두였습니다. 타고난 성격이 달랐을까, 가정환경이 달랐을까? 도대체 뭐가 달라서 인생이 달라졌는지 궁금해진 겁니다.

그래서 그 답을 찾으려고 애를 썼는데, 중학생이 답을 찾으면 어디에서 찾겠어요? 책을 뒤지기 시작했는데 그때 가장 먼저 만난 것이 교실에 있던 그리스 로마 신화 책이었습니다. 토머스 불핀치(Thomas Bulfinch)의 책이었는데, 이 책에서는 신도 정해진 운명을 피할 수 없다고 암시합니다.

그리스 비극 중에서 가장 처절하기로는, 친아버지를 죽이고 친어머니와 결혼한 오이디푸스 왕이 있죠. 이런 예를 보면, 정해진 운명이 있고 절대로 그것을 피할 수 없는 것처럼 보여요. 이 이야기에 따르면, 살인자가 된 그 아이는 그런 운명을 타고난 겁니다. 스토아 철학에서 주장하듯이, 그런 운명은 견디는 것 말고는 방법이 없죠. 한창 반항기 넘치던 사춘기 중학생은 그런 답에 만족할 수가 없었습니다. 운명이 정해져 있다면 사는 게 무슨 의미가 있는 건지, 아무리 중학생이라도 억울할 법한 일이죠.

그러다가 미션스쿨로 진학했는데, 거기서 훌륭한 목사님을 만나 뵈었습니다. 목사님 수업을 계기로 교회를 나갔고요. 대단하고 유일한 신인 하나님은 무슨 말씀을 하실지 궁금하잖아요. 그렇게 교회를 1년 정도 다니다가 그만두었는데요. 그 계기가 된 것이 칼뱅(Jean Calvin)이었습니다. 오늘날 장로교의 시조인 신학자인데, 이 사람이 주장한 유명한 이론 중 하나가 예정설이죠. 구원을 받을 사람과 구원을 받지 못하는 사람은 이미 정해져 있다는 거예요. 그리스 로마 신화와 같이, 운명은 정해져 있다는 결론에 처한 겁니다. 그러면서 제가 종교에 학을 뗐습니다. 물론 그 뒤에 성당에 다니기도 했지만, 기성종교에서 운명에 대한 답을 찾으려고는 하지 않았습니다.

　고등학교 때 이공계를 택했지만, 학교 공부에는 관심이 없어 독학을 했습니다. 그중에서도 천문학에 관심을 두어, 과학부 학생회 활동을 하면서 별을 보러 다녔습니다. 서강대학교 옥상에서 망원경으로 플라이아데스 성단을 본 게 지금도 선명하게 제 기억에 남아 있어요. 그러면서 '만유인력의 법칙처럼 아름다운 자연법칙이 인간에게도 적용될까?'라는 생각을 했습니다. 우리의 운명도 과학의 법칙에 따라 움직이는 것은 아닐까 하는 생각, 다시 말해 자연의 조화가 인간의 조화에도 영향을 미칠 거라는 생각이었습니다. 그리고 물리학과에 원서를 냈습니다. 그때는 대학입시가 전기와 후기로 나뉘어 있었죠. 전기에 물리학과를 지원한 뒤, 심각한 회의를 느꼈습니다. 지구에서 가장 가까운 별은 프록시마 켄타우리라고 하는데, 지구에서 약 4광년 떨어져 있습니다. 그 말은 별빛이 지구에 도착하는 데 광속으로도 4년이 걸린다는 말이죠. 여기서 왜 제가 회의를 느꼈을까요? 지금 보고 있는 별빛이 빨라야 4년 전의 것이라면, 다른 별빛은 어떻겠어요. 다른 별의 빛은 100년 200년이 넘는 시간을 달려와야 겨우 내 눈에 닿을 수 있다는 말입니다. 그런데 이렇게 장구한 시간 단위를 가진 우주에서 나를 신경이나 쓸까요? 우주의 시간으로 보면, 잠깐 존재했다 사라지는 하루살이와 다르지 않은 인생인데, 우주의 법칙이 나와 무슨 상관이냐는 생각이 든 겁니다. 우주의 법칙이 인간의 법칙에 적용되지 않는다는 결론이 나온 거예요.

그래서 전기 대학시험에 일부러 떨어졌습니다. 시험뿐만 아니라 면접에서도요. 교수님이 "물리학과에 왜 지원했어요?"라고 상식적인 질문을 하셨는데, "SF소설을 쓰려고요"라고 대답을 했죠. 그렇게 천문학과 인연을 끊었는데, 그렇다고 그 학문을 싫어한 것은 아닙니다. 지금도 천문학을 좋아해서 그 분야 책도 많이 읽지만, 내가 내 자신이 된다는 것과 내가 좋아하는 일을 한다는 것은 다르거든요.

그렇게 대학시험에서 떨어지면서 부모님으로부터도 벗어났습니다. 좋은 대학에 붙을 거라고 기대하신 부모님을 속인 거잖아요. 후기에 유전공학과를 선택하면서 저는 독립했습니다. 세상이나 부모의 기대, 주위의 시선보다는 내가 더 중요하다고 생각하는 것을 하는 것이 에고를 구축하기 위한 첫발입니다.

이때 유전공학과를 선택한 이유가 있는데요. 인간의 운명을 결정하는 게 유전자에 있다고 생각한 거예요. 당시는 유전자 결정론이 세상을 풍미할 때입니다. 제가 대학에 들어간 해에 「쥐라기공원」 1탄이 개봉했죠. 천문학과 마찬가지로 유전공학도 여전히 좋아하는데요. '유전자가 인생을 결정할까?'라는 질문에, 어떤 답이 나왔을까요? 학자들의 최신 견해로는, 유전자가 결정하는 것이 51%, 환경이 결정하는 것이 49% 정도라고 합니다. 결국 반반이라는 이야기죠. 제가 대학을 다닐 때만 해도 유전자 결정론이 대세였지만, 이후에 후생유전학이 우세해졌습니다. 유전자가 절대적인 것은 아니라는 견해가 학계에서 일반적인데요. 저는 대학교 2학년 마치기 전에 유전자가 해답이 될 수 없다는 결론에 도달했습니다. 그래서 또 학교를 그만두었습니다.

학교를 그만두고 나니, 먹고사는 것을 생각해야 했죠. 그래서 엔지니어링을 독학하기 시작했는데요. 자격증을 따려고 하니까, 대학 졸업장이 필요하더라고요. 그래서 다른 학교에 편입해서 졸업했죠. 수업은 안 듣고 독학으로 자격증을 따는 한편, 환경운동에 뛰어들었습니다. 환경운동을 하면서 사회학을 공부하게 되었는데요. 처음 가졌던 의문을 사회학에서 찾아보고자 했던 거죠. 주어진 환경, 다시 말해 사회가 사람의 운명을 결정하는지 알고자 했습니다. 한 1년 혼자 사회학을 공부했는데, 또 아니라는 답이 나왔죠. 물론 이건 제 나름의 답입니다. 역사와 사회가 나를 결정하면, 내게는 옵션이 없잖아요. 실제 사회를 굴리는 힘이 무엇인가를 열심히 궁리했지만 책상머리에서 책을 통해서 배운 것에는 한계가 있었던 것 같아요.

어쨌든 저는 자격증을 따고 안전공학 엔지니어가 되었습니다. 취직도 했죠. 취직하자마자, 전농동에서 세 아이의 엄마가 죽었습니다. 환경운동을 할 때 전농동에 빈활을 갔었는데, 재건축 때문에 세입자를 쫓아내던 현장이었습니다. 거기서 그분을 알게 되었죠. 용역이 망대 아래에 불을 질러서 그분이 돌아가신 거예요. 정말 경악을 금치 못했습니다. 결국 세상을 돌아가게 하는 힘은 돈과 권력이라는 걸 절실하게 깨달았고요. 결론이 너무 부정적이죠. 부모의 기대를 저버리는 것으로 에고를 구축하는 첫발을 떼었다면, 이때 돈과 권력이 굴리는 자본주의 시스템 안에서 내 삶이 부서지게 내버려두지는 않겠다는 가치관이 성립된 것이죠. 더군다나 제가 취직한 곳이 건축회사였거든요. 공무원에게 뇌물 주는 것부터 배워야 하는 곳입니다. 그래야 허가가 나왔죠.

심리학자들의 얘기로는, 보통 30대 중반에 가치관이 형성된다고 해요. 그런데 저는 20대 후반에 가치관을 형성했으니, 남들보다는 조금 빠른 게 아닌가 합니다. 독학한 것도 많고, 험한 일도 많이 했으니까요. 네 가치관, 혹은 인격이 이때 완성되었구나 하는 시점이 여러분께도 있을 겁니다. 기억나지 않으면, 아직 형성되지 않았을 수도 있고요. 앞서 말씀드렸듯이, 대부분 30대 중반에서 중년에 이르는 동안 '나'라고 말할 수 있는 것이 생겨요. 그래서 중년의 위기라는 말이 있기도 합니다.

이렇게 운명이라는 주제로 제 인생을 죽 꿰는 이야기를 해드렸는데요. 이런 것을 의미화라고 합니다. 여러분도 이런 식으로 자기 인생을 하나의 주제로 연결하실 수 있을까요? 제가 '운명'이라는 하나의 주제를 가지고 인생의 국면들을 연결한 것처럼, 여러분도 어떤 주제를 가지고 삶을 연결하실 수 있으면 그것이 의미화입니다. 그리고 이것이 앞에서 말씀드린 제자의 자격과 연결됩니다.

자기 인생을 어떤 주제로 관통할 수 있는지를 살펴보아야 합니다. 어떤 것에 의미를 두느냐에 따라서 같은 인생이라도 전혀 다른 느낌으로 다가올 수 있거든요. 이 시간에 강의하는 주제가 신화와 종교인데, 신화나 종교는 곧 인생에 의미를 부여하는 기술이기도 합니다.

'나'가 된다는 것

인생에서 어떤 과정을 거쳐야 하는지를 정리한 사람이 앞에서 말씀드린 카를 구스타프 융입니다. 분석심리학을 창시한 심리학자고요. 융의 학설은 과학적이지 않다는 이유로 심리학계에서는 경시되기도 합니다. 그래서 스위스에서 독자적으로 분석가를 키워 내지요. 하지만 심리학과 종교학에서 중요한 위치를 차지하는 학파라고 할 수 있습니다.

융은 사람의 인생을 세 단계로 분류합니다. '나'라는 독립적인 존재로 거듭나는 세 가지 단계를, 각각 세 가지 신화적인 비유로 제시하지요. 그 첫번째가 내 가치관을 창조하는 것입니다. 앞에서 제 인생을 의미화해 봤잖아요. 돈과 권력이 세상을 굴린다는 가치관을 정립하고 그에 맞서 살아가기로 결정하는 것, 그게 바로 첫번째 단계입니다.

그다음 두번째 단계는 형성된 내 가치관을 세상으로 확장하는 것입니다. 내 에고를 세상으로 확장하는 단계죠. 만약 어떤 사람이 자신의 생각을 사회에 퍼뜨리는 데 성공하면, 그 사람을 영웅이라고 부르죠. 잘나고 뛰어난 사람이 아니라, 내 가치관을 세상에 관철한 사람을 영웅이라고 합니다. 유명하지 않은 사람 가운데에도 영웅은 얼마든지 있을 수 있습니다.

　마지막 단계는 신성혼입니다. 신성한 결혼이라는 뜻이죠. 나 자신의 무의식과 결혼하는 것을 말합니다. 신화나 동화를 보면 영웅이 공주랑 결혼하는 이야기가 많잖아요. 그게 상징하는 것이 바로 의식과 무의식의 결합입니다. 이런 결합을 통해 세계와 하나가 되고, 종교적으로는 신과 하나가 됩니다. 진정한 나 자신이 되는 것이 신성혼입니다.

　융은 이렇게 세 단계로 나누어서 인격의 발전을 설명합니다. 곧 나 자신의 창조 신화를 마무리해야 두번째, 세번째 단계로 나아갈 수 있다는 뜻입니다. 나 자신에 대해 이야기하는 창조신화를 마무리하는 것이 제자의 자격을 갖추는 일이고요. 보통 객관적인 세상과 내가 아는 주관적인 세상 사이에는 차이가 있다고 생각하죠. 하지만 인도에선 그렇게 얘기하지 않습니다. 객관과 주관은 환영이라고 하죠. 현대 철학자들도 객관성은 착각이라고 합니다. 그래서 나를 완성하는 일이 나에서 그치지 않고, '우리', 그리고 '모두'로 확장되는 겁니다. 우리로 확장하면 영웅 신화가 되고, '모두'로 확장하면 신성을 갖게 된다고 합니다.

　『데미안』에는 이런 과정을 이야기하는 유명한 구절이 있죠. "새는 알에서 나오려고 투쟁한다. 알은 세계이다. 태어나는 자는 하나의 세계를 깨뜨려야 한다." 바로 그 유명한 아브락사스입니다. 이 이야기는 앞에서 말씀드린 융의 3단계 중에 어느 단계에 해당할까요? 첫번째 단계를 말하는 것이겠죠. 알이라는 것은 자궁, 곧 부모와 환경의 영향을 말합니다. 이걸 깨뜨리고 나와야 비로소 진정한 나 자신으로 태어날 수 있죠. 창조신화를 완성하는 첫 단계인데, 이것조차도 쉬운 일은 아닙니다.

인도에서는 인생에 네 가지 목표가 있다고 합니다. 첫번째는 육체적 쾌락입니다. 성적 쾌락을 포함하는 모든 감각적 쾌락을 '까마'라고 하는데, 동물적 쾌락뿐만 아니라, 오감의 쾌락도 포함합니다. 다음으로 인간이기 때문에 추구하는 부와 권력을 합쳐 '아르타'라고 하죠. '아르타'를 추구할 때는 제약이 있습니다. 부와 권력을 추구하되 도리와 정의, 법에 맞아야 합니다. 이 제약을 '다르마'라고 합니다. '다르마'는 법칙, 도리, 섭리, 정의라는 뜻을 가진 말이고요. '다르마'에 이르러서야 비로소 인간다움을 논할 수 있습니다. 여기까지가 인문학의 영역이지요. 그 너머 신비와 직관의 영역은 해탈에 속합니다. 불교에서는 '니르바나(닙바나)', 힌두교에서는 '목샤'라고 말하는 경지죠. 우리말로 '해탈'이라고 옮기니까 뭔가 거창한 것처럼 느껴지지만, 이 경지가 뜻하는 것은 '진정한 나 자신이 되는 것'입니다. 진정한 나 자신이 되는 것이 바로 깨달음이기도 하고요. 인도에서는 인간의 목적을 이렇게 네 가지 차원으로 이야기하는데요.

앞서 제가 다다른 결론, '결국 돈과 권력이 모든 것을 결정한다'라는 지점은 어디에 있죠? 이건 두번째 단계(아르타)로, 아직 인간다움의 영역에 들어오지 않았어요. 인간다움을 추구하기 위해서는 사람으로서 해야 하는 도리와 정의를 갖춰야 하고, 그게 바로 인문학의 영역인데, 20대 때 저는 아직 거기에 도달하지 못했던 겁니다.

나를 확장한다는 것

그럼 나를 창조하는 것을 넘어서, 나를 우리에서 모두로 확장한다는 것은 무엇을 의미할까요? 융 심리학과 인도학을 토대로, 제 나름대로 말씀드려 보려고 합니다.

나 자신과 만나고자 할 때 가장 먼저 만나는 것은 내 그림자입니다. 누구나 세상에 잘난 모습만 보이려고 합니다. 이렇게 세상에 보이고자 하는 모습을 페르소나라고 하죠. '가면'이라는 뜻입니다. 그런네 그 가면 밑에는 '억압된 나'가 있죠. 세상 사람들에게 보여 줄 수 없는 은밀한 나, 폭력적이고 비열한 나입니다. 인간이라면 누구나 그런 면을 가지고 있습니다. 억압된 나, 체면 때문에 차마 드러내지 못하는 욕망을 가진 나가 있죠. 이것이 그림자입니다. 내면으로 들어갈 때 가장 먼저 만나는 인격이죠. 나이가 들면서 '내게 이런 면이 있구나'라고 저절로 알게 됩니다. 내 그림자를 수용하는 것이 첫번째 단계입니다.

두번째는 내 성격과 정반대인 인격이 내 마음속에 숨어 있다는 것을 인식하는 단계입니다. 이런 정반대의 인격을, 융은 '심혼'(心魂)이라고 부릅니다. 흔히 '아니마'·'아니무스'라고 해요.

세번째는 내 몸 자체가 나라는 것을 인정하는 단계입니다. 보통 몸은 의식을 따르는 걸껍데기라고 생각하곤 하죠. 하지만 이 몸 자체가 나라는 것을 인정해야 하는 단계가 있습니다. 몸이라는 무의식, 내 의지를 따르지 않는 내 안의 타인을 인정하는 것이죠.

마지막 단계는 물질성을 건너는 것입니다. 사람들에게 '어디까지가 당신입니까?'라고 물으면, 보통 피부를 경계로 그 안쪽을 자신이라고 대답할 겁니다. 그런데 이 피부의 경계를 넘는 '나'가 있다는 것을 아는 것이 바로 깨달음입니다.

이 경계를 넘어서야 신비와 직관의 영역으로 들어갈 수 있는데요. 보통은 그림자를 동화하는 첫 단계부터 힘겨워하죠. 내가 인정할 수 없는 또 다른 '나'를 인정하기가 쉽지는 않습니다. 두번째 단계도 마찬가지입니다. 내 안에 나와 완전히 반대인 인격이 있다는 것을 받아들이기는 쉽지 않죠. 그리고 시간에 따라 늙어 가는 이 몸이 진짜 나라는 것도 인정하기가 쉽지 않습니다. 몸을 내가 타고 다니는 탈것처럼 생각하는 사람도 많죠.

마지막 네번째, 나라는 존재가 피부 바깥으로 확장하는 경험을 해보신 적이 있나요? 아이가 아플 때, 부모는 자기가 아픈 것처럼 느끼기도 한다고 하죠. 그럴 때 피부의 경계를 넘어가는 것이 아닐까 합니다. 살다 보면 어쩌다가 그런 영역을 경험하기도 하죠. 하지만 경계를 아예 넘어서기는 쉽지 않습니다.

캠벨의 3단계 : 출발-입문-귀환

그럼 도대체 어떻게 해야 할까요? '나가 뭔지도 모르겠는데, 어떻게 나를 확장하겠어?' 하고 생각하실지도 모르겠습니다. 이 '어떻게'에 대해서 신화적으로 설명한 학자가 있습니다. 앞에서도 언급했던 조지프 캠벨인데요. 학자라기보다는 구루로 인정받는 분입니다. 인도말로 구루는 '스승'이라는 뜻이죠. 캠벨의 책 중에『천의 얼굴을 가진 영웅』이 대표작인데요. 이 책에서 캠벨은 자신의 신화이론을 융의 심리학에 바탕을 두고 수립합니다. 융은 참나로 가는 여정을 '창조 신화 - 영웅 신화 - 신성혼 신화'라는 세 단계로 제시했는데, 캠벨은 영웅 신화를 더 발전시켜서 '출발 - 입문 - 귀환'으로 정리합니다.

캠벨이 제시하는 '출발'은, 제자의 자격이라는 출발선을 넘어, 지혜와 직관의 영역으로 나아가는 것입니다. 깨달음으로 가려면 우선 출발해야 하는데, 이 선을 넘어가려면 용기가 필요합니다. 이전까지는 이성이나 논리로 문제를 풀수 있었지만, 이후로는 직관으로 풀어야 해요. 무척 힘든 길이기도 합니다.

첫번째, '출발'부터 이야기해 보죠. 캠벨에 따르면 이 출발 단계도 몇 가지로 세분할 수 있습니다. 자아의 각성, 전령관, 초자연적인 조력, 관문의 수호자, 밤바다 여정이라는 단계인데요. 도대체 무슨 소리인가 싶은 제목들이죠. 하나씩 살펴보겠습니다.

‘자아의 각성’은 ‘중년의 위기’ 같은 겁니다. 중년이 되기 전에 이 날벼락을 맞는 사람도 있지만 대체로 중년이 되면 누구나 이 출발선상에 서게 됩니다. 이때까지 어떻게 살아 왔든, ‘자아의 각성’이라는 순간에는 인생이 리셋됩니다. 자신이 살아온 방식에 배신감을 느끼죠. 내가 가치 있게 생각했던 모든 것 —— 가족, 사랑, 직업, 커리어, 학문 —— 에 의미가 없어집니다. 각성이 뚜렷할수록 우울증이나 절망에 빠지기도 쉽습니다. 괴테의『파우스트』에 이런 감정이 잘 나타나죠. 파우스트 박사는 정말 공부를 많이 했어요. 학문이 갈 수 있는 최대치를 구현한 사람입니다. 그런데 파우스트 박사도 중년에 이르러 좌절을 느낍니다. 철학·법학·의학·신학을 죄다 공부해서 경지에 올랐지만 조금도 지혜로워지지 않았다고, 아무것도 모른다고 좌절합니다. 이건 곧 나 자신에 대해 아무것도 알 수 없다는 뜻이기도 합니다. 이런 것이 ‘자아의 각성’입니다. 그런데 파우스트 박사와 달리, 각성이 뚜렷하지 않은 경우도 있습니다. 이런 경우에는 이유를 모르는 실수를 많이 합니다. 또 이유 없이 아프기도 합니다. 까닭 없이 아프고 실수를 자주 저지른다면, 떠나야 한다는 출발 사인을 받은 것이죠.

파우스트 박사는 각성 후 악마 메피스토펠레스와 계

약을 맺습니다. 계약을 통해 다시 청춘으로 돌아간 파우스트 박사가 제일 먼저 한 게 뭐였을까요? 아까 에고의 확장을 다루면서, 지금까지 밖으로 드러난 면이 아니라 숨어 있는 내밀한 욕망을 만나야 한다고 했잖아요? 융은 이걸 '에난티오드로미아'(Enantiodromia), 다시 말해 '대극의 반전'이라고 했는데요. 공부만 하면서 살아온 파우스트 박사 역시 지금까지 살아 보지 않았던 인생을 택합니다. 그레트헨이라는 여인과 사랑을 나누고, 그리스 최고의 미녀 헬레나에게서 아들을 얻기도 합니다. 지금까지 자기가 살아왔던 방식과는 완전히 반대로 가는 거죠. 지금까지 살아온 삶과 상반되는 삶에 끌리기 시작하면, 그 자체가 출발선에 설 준비가 되었다는 신호이기도 합니다.

제가 인도에서 만났던 어떤 인연 가운데, 안정적인 교육 공무원으로 살다가 각성을 겪은 사람이 있었는데요. 각성이 뚜렷하지도 않았습니다. 새로운 삶을 시작하기에는 소심하고 용기가 없었던 사람이고요. 그런데 이분이 직장에서 결정적인 실수를 저지릅니다. 운명적인 실수 혹은 무의식이 저지르는 실수라고 할 수 있겠죠. 자신이 가장 바라는 것을 무의식적으로 이룬 거예요. 직장에서 잘린 덕분에, 바람대로 인도에서 공부힐 수 있었으니까요. 이렇게 절망에 빠지든, 몸이 아프든, 실수를 하든, 어떻게든 새로운 인생을 시작하는 것이 바로 자아의 각성입니다.

물론 자아가 각성했다고, 모두 훌쩍 떠나지는 않습니다. 용기가 없어서요. 그래서 두번째 단계에서 '전령관'을 만나지요. 전령관이라는 것은 여러분을 새로운 운명으로 부르는 존재입니다. 그런데 전령관은 아이러니하게도 하찮거나 혐오감을 주는 모습, 혹은 끔찍한 모습으로 나타납니다. 가족을 잃는다든가, 실직을 한다든가, 자식들을 독립시키고 빈둥지 증후군에 시달린다든가, 배우자가 불륜에 빠진다든가, 다양한 모습으로 나타나죠.

이 전령관은 때로 잔인해서, 내가 살아가던 세계를 바스러트릴 수도 있습니다. 저도 이런 경험을 겪었는데요. 제가 엔지니어로 돈을 벌 때, 씨랜드 참사가 있었습니다. 기억나시나요? 40대가 넘으셨다면, 씨랜드 참사를 다 기억하실 텐데요. 경기도 화성에서, 화재로 유치원생 22명과 교사 1명이 사망했습니다. 제가 당시 소방엔지니어로 일하고 있었던 데다가, 고향인 화성에서 발생한 참사라서 큰 충격을 받았습니다. 그러고 나서 4개월쯤 후에는 설계사무실 바로 앞에서 인천 호프집 사건이 일어났습니다. 화재로 청소년 56명이 한꺼번에 희생된 사건이었죠. 제 일이 화재를 방지하는 안전 설계였는데, 이런 참사들을 겪으면서 '내가 사람을 죽게 할 수도 있겠구나'라고 생각했습니다. 사실 지금도 제가 설계한 건물에서 불이 날까 봐 무섭습니다. 현업을 떠난 지가 20년 가까이 되었지만, 제가 설계한 건물은 남아 있잖아요. 이런 끔찍한 사건들이 저를 인도로 떠밀었습니다.

휩쓸리거나 떠밀리는 경험은 누구든 하죠. 역사상 가장 위대한 인물인 붓다도 떠밀려서 출가했습니다. 사문유관(四門遊觀)이라는 유명한 장면이죠. 부처님이 싯다르타 왕자였을 때, 노인을 보고 늙음을 생각하고, 병자를 보고 병을 생각하고, 장례식 행렬을 보고 죽음을 생각했다고 하죠. 마지막으로 출가 사문을 보고 출가를 결심하는데, 이걸 사문유관이라고 합니다. 캠벨의 말로 하자면, 전령관을 만났다고 할 수 있죠.

제게는 숱한 사람이 죽은 화재 사건들이 전령관이었습니다. 그래서 사업을 정리하고 인도에 갔습니다. 동국대학교 대학원에서 잠깐 공부하다가, 금세 때려치우고 인도로 갔죠. 이렇게 전령관은 다양한 모습으로 나타납니다. 사람으로 오기도 하고 사건으로 오기도 하죠. 이런 일은 새로운 삶을 시작하라는 사인으로 생각하시는 것이 좋습니다. 그런데 전령관을 만나서 빨리 출발선에 서라는 운명의 재촉을 받았음에도 불구하고, 많은 사람이 지금까지 살아온 안락한 세상을 포기하지 못하죠. 지금까지 살아온 대로 살아야 한다는 타성 때문에 대부분 떠나지 못합니다. 전령관이 오고 여러 가지 일을 당해도 출발을 거부하는 거죠. 이걸 '소명의 거부'라는 용어로 표현하는데요. 이렇게 소명을 거부한 사람들은 어떻게 될까요? 저는 '화석화'라는 표현을 써요. 사람이 산 채로 죽습니다. 헨리 데이비드 소로(Henry David Thoreau)는 '수많은 사람이 조용히 절망하며 산다'라고 하죠. 『성경』에도 '예수가 지나감을 두렵게 여겨라. 그는 돌아오지 않을 것이니라'라는 말이 있어요. 이때 예수가 전령관입니다. 자기에게 기회가 왔음에도 불구하고, 예수님을 붙잡지 못하고 그냥 지나치면 다시는 기회가 오지 않는다는 것을 경고한 말입니다. 기회를 놓친 사람들은 나날의 문제를 스스로 만들고 해결하고, 만들고 해결하면서 죽음이 다가오는 것을 기다리죠. 실제 죽음이 오기 전에 이미 죽은 상태가 됩니다. 이걸 저는 '화석화'라고 부릅니다.

사람의 가치관은 그것이 형성되었던 나이에 고착되는 경우가 많죠. 21세기에도 여전히 독재 시대를 살아가는 사람도 있습니다. 박정희나 이승만이 구국의 영웅이라고 생각하며 사는 사람은 그 시대에 사고가 고착되어 버린 겁니다.

산 채로 화석이 된 것이죠. 살아 있다는 것은 환경과 서로 영향을 주고받는 거잖아요. 그런데 가치관이 고착되어 버리면 다른 사람이나 변화하는 환경과의 상호작용이 불가능해집니다. 산 채로 죽은 상태가 되는 거죠. 출발선에 서지 않으면 누구나 육체적인 죽음 이전에 죽는 겁니다. 다른 사람을 사랑할 수도 공감할 수도 없게 되어, '라떼'를 외치는 꼰대가 되는 거죠. 이건 나이와 상관이 없습니다. 젊은 나이에 성공한 판교 CEO 중에도 그런 '꼰대'가 많다고 하죠. 이런 경우는 자신의 성공에 고착하는 겁니다.

선을 넘는 용기

그러면 출발선에 제대로 서지 못한 사람은 어떻게 될까요? '나는 전령관을 놓친 것이 아닐까?' 하는 쎄한 느낌이 드는 분도 계실 텐데요. 실망할 필요는 없습니다. 캠벨이 '초자연적인 조력'이라고 표현한 뜻밖의 존재가 나를 건져 주기도 하니까요. 신화에서는 마법사나 뱃사공, 노파, 스승 등 여러 모습으로 등장하죠. 이런 존재들은 이미 출발한 영웅에게 나타나 조력합니다. 일단 떠나기만 하면 도와줄 존재는 나타나기 마련입니다. 그런데 떠나지 못한 사람에게도 이런 조력이 오는 경우가 있습니다. 우연한 만남이 계기가 되어 다시 출발선에 설 수도 있고요. 조력은 사람과의 만남일 수도 있고, 신앙을 갖는 것일 수도 있습니다. 나를 다시 출발하게 하는 계기가 주어질 때, 중요한 건 그 선을 넘어갈 용기입니다.

출발을 위해서는, 가진 것을 다 버릴 수 있는 용기가 필요합니다. 제가 인도에 갈 때는 커리어, 돈, 직업, 가족…, 이 모든 것을 버리고 가야 했습니다. 그때는 인도에서 사고로 돌아오지 못한 사람도 있었기 때문에 유서도 쓰고 갔어요. 목숨마저도 버릴 각오로 그 선을 넘어가야 하는 거죠.

출발선을 넘어가면, '관문의 수호자'라는 존재를 만납니다. 각오하고 관문을 넘어도 고통스럽기만 한 시련이 있습니다. 그래서 시련을 견디지 못할 사람을 돌려보내는 문지기가 있죠. 바로 관문의 수호자입니다. 때로는 저도 이 역할을 하곤 해요. 관문을 넘어서도록 제가 돕는 분도 있지만, 과정을 견디기 어려운 분은 돌려보내기도 합니다.

출발이든 입문이든 귀환이든, 다 내면 여행의 과정인데요. 실제로 이 과정이 모든 사람에게 일어나는지 의심하실 수도 있어요. 하지만 이 과정은 심층종교와 신화 속에 남아 있습니다. 특히 인도 경전에는 이 과정이 세밀하게 기록되어 있죠. 그러니까 이런 일이 정말 인생에서 일어나는지를 의심하기보다, 내게는 왜 이런 일이 일어나지 않았는지를 먼저 의심해 보셔야 합니다. 출발선에 서거나 전령관을 본 경험이 없다면, 내가 뭘 놓쳤는지 생각해 봐야 해요. 신화와 심층종교에서는 인간이 가야 하는 내면의 길에 대해 상세하게 설명하면서, 이 길을 피할 수는 없다고 명시합니다. 그런데도 많은 사람이 관문 앞에서 돌아서죠. 알면서도 돌아서거나 몰라서 돌아서거나. 소수만이 이 관문을 넘어섭니다.

이런 얘기를 할 때 제가 가장 많이 듣는 질문은 '저는 놓친 것 같아요. 어떡하나요?'입니다. 대부분 중년의 위기 때 전령관을 만나 출발선에 서게 되지만, 그냥 지나쳤더라도 실망하지 마세요. 지금 이 강의가 새로운 전령관일 수도 있잖아요. 지금 출발하시면 됩니다. 절대 늦는 법은 없습니다. 은행에서 정년퇴직 후, 60대에 세계적인 동양화가가 되신 분이 있어요. 이런 걸 보면 절대 늦은 출발이라는 건 없습니다. 70대, 80대에도 출발하실 수 있어요. 단지 용기의 문제입니다.

진정한 삶에 입문하기

지난 시간에 인생을 하나로 잇는 의미화와 전령관에 대해 이야기했습니다. 의미화를 통해 지금 이 순간 성장하기 위해서는 무엇이 가장 중요한가를 파악해 볼 수 있습니다. 캠벨이 신화를 통해 '출발-입문-귀환'의 3단계 공식을 제안했다는 말씀도 드렸습니다. 융 이론에 기반해서 내면의 지도를 완성했지요.

지금까지와는 다른 삶

출발 과정 가운데, 관문의 수호자 이야기를 하다가 앞 강의를 마쳤는데요. 과거와 절연하고 새로운 나 자신이 되기 위해서는 출발의 과정을 거쳐야 한다고 말씀드렸습니다. 과거의 나와 작별하는 순간인데, 작별이 쉬운 게 아니죠. 자신의 기존 세계를 깨뜨려야 하기 때문입니다. 그런 고통을 겪어야 하기 때문에 관문의 수호자가 중요합니다.

관문의 수호자라는 건 어떤 존재일까요? 관문의 수호자를 이야기하기 전에, 우선 '관문'을 넘는다는 것이 무엇인지를 알아야겠죠. 이 관문에 대해서는 불교의 유식학파나 힌두교의 베단타 철학으로 설명할 수도 있지만, 이해하기 더 어렵죠. 간단하게 영화 「매트릭스」 1편을 예로 들어 보겠습니다. 「매트릭스」는 4편까지 나와 있는데, 그중에서도 1편은 꼭 보시라고 권해 드립니다. 1편이 불교와 힌두교의 세계관을 잘 구현하고 있는데, 실제로 시나리오 작가가 두 종교의 교리를 기반으로 시나리오를 썼다고 합니다. 물론 기독교 세계관도 들어가 있죠. 이 영화 앞부분에 보면, 모피어스라는 사람이 주인공 네오에게 빨간 알약과 파란 알약을 내밀면서 하나를 고르라고 합니다. 파란 약을 먹으면 지금까지 살아왔던 방식대로 살아가게 되고, 빨간 약을 먹으면 지금까지와는 완전히 다른 실제의 세계를 보게 되죠. 관문이라는 것은 빨간 약, 파란 약을 고르는 것과 같습니다. 빨간 약을 선택하면 관문을 넘어가고, 파란 약을 고르면 익숙한 세계로 다시 돌아갑니다. 「매트릭스」의 주인공은 빨간 약을 선택하죠. 주인공은 이미 준비를 마쳤기 때문에 단지 통과 의례만 필요했던 겁니다.

하지만 현실 세계를 살아가는 우리는 준비를 마쳤을까요? 출산 때 엄마는 산통을 겪지만, 아이도 굉장히 힘들다고 해요. 관문을 넘으려면 태어날 때처럼 큰 고통을 겪어야 합니다. 그 고통을 견뎌야 관문을 넘어 나아가죠. 그렇기 때문에 관문을 넘기 위해서는 힘을 비축해야 합니다. 관문을 넘을 힘이 있는지 없는지는 관문의 수호자가 판단합니다.

사찰에 들어서기 전에 지나는 곳이 천왕문입니다. 무섭게 생긴 네 명의 천왕이 절에 들어서는 이들을 지켜보고 있어요. 서양에서도. 성당 지붕 위에 가고일이 있습니다. 왜 성스러운 공간에 괴물들을 두었을까요? 바로 이런 형상들이 관문의 수호자를 상징합니다. 성역에 들어가려면 공포와 두려움을 이겨 낼 수 있어야 하니까요.

그럼 관문의 수호자는 어떻게 준비된 사람만을 걸러 낼까요? 간단합니다. 관문을 완전히 통과하면 과거로 절대 돌아갈 수 없습니다. 그러니까 죽어도 과거로는 돌아가고 싶지 않은 사람만 이 관문을 넘어 앞으로 나아갑니다. 얼떨결에 한 발 넘어섰다가도, 너무 아프니까 후다닥 발을 빼는 거죠.

시련과 재탄생

대체 이 관문 뒤에 무엇이 있기에, 그렇게 무섭고 두렵고 외로운 걸까요? 관문을 넘어선 사람은 '밤바다 여정'이나 '저승 여행', 혹은 '고래의 배'라는 시련을 겪습니다. '고래의 배'는 구약의 선지자 요나의 이야기에서 나온 말이죠. 요나는 아시리아 제국의 니네베로 떠나라는 하나님의 명을 받았습니다. 이교도의 도시에 가서 선교를 하라니, 너무 무섭고 두려워서 요나는 도망칩니다. 배를 타고 반대 방향으로 가는데, 그 배가 폭풍우를 만나 가라앉을 지경이 되죠. 그래서 어떤 죄인이 태풍을 불러왔는지를 가리려고 제비로 뽑습니다. 요나가 딱 걸리죠. 요나는 하나님의 명을 거역한 자신의 죄를 자백하고 바다에 몸을 던집니다. 그리고 어마어마한 고래에게 삼켜져요. 사흘이 지난 후에 고래가 해안가로 가서 요나를 토해 내죠. 뉘우친 요나는 니네베로 가서 선교를 했습니다.

신화에는 이렇게 고래에게 먹히는 것과 같은 체험이 자주 등장하는데, 여기에 '밤바다', '저승 여행' 같은 이름을 붙입니다. 이런 체험의 공통점은 나라는 존재가 일시적으로나마 없어진다는 것입니다. 너무나 압도적인 경험 앞에서 에고가 할 말을 잃어버리는 상태를 이렇게 표현합니다. 뒤에 살펴볼 입문의 시련도 때로 밤바다나 저승 여행으로 상징되는데요. 입문 시에는 삼켜지는 것이 아니라, 갈기갈기 찢깁니다. 에고가 아예 없어지죠.

고래의 배라는 건 다시 태어나기 위한 자궁을 의미합니다. 어머니에게서 태어나듯이, 고래의 배로부터 새로운 사람으로 다시 태어나는 것을 뜻해요. 새 사람으로 거듭난 전형으로는 오뒷세우스를 들 수 있습니다.

오뒷세우스는 『오뒷세이아』라는 서사시의 주인공이죠. 목마에 전사들을 숨겨 트로이를 함락한 '트로이의 목마' 작전을 세운 사람입니다. 노 젓는 사람들의 귀를 막고, 자기만 돛대에 묶여 세이렌의 노래를 듣기도 했죠. 이 사람이 주인공인 이야기가 『오뒷세이아』입니다. 『일리아스』와 함께 호메로스의 양대 서사시예요.

『오뒷세이아』는 트로이 전쟁이 끝난 뒤의 이야기입니다. 십 년 트로이전쟁을 마친 오뒷세우스가 집으로 돌아가는 데 다시 십 년이 걸립니다. 포세이돈의 아들인 외눈박이 거인 폴리페모스의 눈을 찌르는 바람에 바다 신의 분노를 샀거든요. 바다를 떠돌다가 요정에게 억류된 끝에 십 년 만에 겨우 집으로 돌아옵니다.

이 『오뒷세이아』에도 앞서 말한 저승 여행이 있어요. 키르케의 조언에 따라 오뒷세우스가 저승에 다녀오거든요. 키르케는 요정으로 여겨지지만, 사실 태양신의 딸인 여신입니다. 여신의 인도 덕분에, 오뒷세우스는 무사히 저승에 다녀옵니다. 저승 역시 재탄생을 위한 자궁입니다. 과거의 나가 죽고 새로운 나가 태어나는 곳이죠. 밤바다에 가든, 고래 뱃속에 들어가든, 저승에 가든 새로 태어나기 위해서 과거의 자신은 죽어야 합니다.

그런데 왜 죽어야 할까요? 관문을 완전히 통과한 뒤에는 과거의 '나'로 돌아갈 수 없기 때문입니다. '돌아가지 못하는 임계점이라는 게 정말 있을까?'라는 의문을 가질 수도 있습니다. 언제든 예전으로 돌아갈 수 있을 것 같은데요. 저도 임계점을 경험했습니다. 처음 인도에 갈 때는 여행비자로 갔다가, 인도에서 공부하겠다고 결심한 뒤 학생비자로 바꾸려고 잠시 한국에 돌아왔었어요. 그때 가족들이 다시 인도에 가지 말라면서 결사적으로 저를 붙잡았습니다. 인도로 돌아가는 것이 관문을 통과하는 시험이었죠. 인도행 비행기를 탄 순간, 다시는 되돌아갈 수 없다는 것을 알았습니다. 관문을 기점으로 제 성격도 제법 달라졌고요. 정말 새로 태어나는 것처럼 새로운 인격으로 바뀔 수 있습니다.

그만큼 겪어야 하는 두려움도 크죠. 관문을 완전히 통과하고 나서도 시련의 강도가 약해지지는 않습니다. 관문을 통과하는 것이 아무것도 아닐 정도로 입문이나 귀환에서 겪는 고통이 상당하죠. 신화에서는 입문의 고통을 '찢기는 고통'으로 묘사합니다. 디오니소스는 갈기갈기 찢겨서 죽죠. 오시리스라는 이집트의 신도 갈가리 찢깁니다. 예수님이 십자가형을 받으실 때도 갈가리 찢긴다는 이미지가 이어지고요. 이런 이미지들은 자아가 재구성되어 재탄생하는 것이 그만큼 고통스럽다는 것을 표현하고 있는 겁니다.

　이런 시련의 길에도 두 가지 코스가 있습니다. 신화에 나타나는 영웅을, 저는 전기 영웅과 후기 영웅으로 분류합니다. 많은 신화에서 영웅이 괴물을 없애고 공주와 결혼을 하죠. 이들을 전기 영웅이라고 할 수 있습니다. 신화에 나오는 많은 이야기가 여기에 해당하죠. 그다음 후기 영웅은 전기 영웅만큼 많지는 않습니다. 전사에서 왕으로 변모하는 영웅을 후기 영웅이라고 하는데요. 원래 영웅은 싸움만 잘하면 됩니다. 그런데 통치자가 되기 위해서는 싸움만 잘해서는 안 되죠. 통치를 위해서는 업그레이드가 더 필요한 겁니다. 그러니까 최소 두 번의 업그레이드가 있어야 하죠. 실제로 성격은 시나브로 발전하는 것이 아니라 도약합니다.

불교에 돈오점수라는 말도 있지만, 돈오돈수라는 말도 있죠. 한 번에 경지를 뛰어넘는 것인데, 성격 변화도 갑작스럽다는 것을 기억해 두시고요.

어쨌든 후기까지 가는 영웅이 많지는 않은데, 한 명을 꼽자면 나폴레옹이 있죠. 나폴레옹은 군인에서 통치자로 변모한 영웅입니다. 전략전술을 잘 쓰는 병법가로 출세해서, 나중에 황제의 지위에 오르죠. 세계 3대 법전에 들어가는 『나폴레옹 법전』을 만들기도 했습니다. 하지만 인격의 도약이 모자랐기 때문에 말년이 비참했어요. 인격적인 결함은 조제핀으로 상징됩니다. 나폴레옹은 조제핀 황후와 이혼을 했죠. 하지만 죽는 순간까지도 조제핀을 그리워했다고 합니다. 조제핀은 나폴레옹에게, 융 심리학에서 말하는 심혼이라고 할 수 있습니다. 영혼의 반려죠. 영혼의 반려와 하나가 된다는 것의 의미에 대해서는 이후에 말씀드리기로 하고요. 어쨌든 나폴레옹은 영혼의 반려와 하나가 되는 것에 실패했기 때문에 끝까지 성공적인 황제로 남지 못했습니다. 자신의 성배를 얻지 못한 거예요.

나폴레옹처럼 외부로 드러나는 영웅도 있지만, 그렇지 않은 영웅이 훨씬 많습니다. 영웅이 된다는 것은 자신의 깊이를 새는 내면의 과정입니다. 혹독한 입문을 치른 영웅은 많지만, 역사에 드러난 영웅은 드뭅니다. 여러 단계를 거쳐야만 성공적으로 이 세상에 돌아올 수 있거든요.

입문, 과거의 나를 버리기

앞에서부터 계속 '출발 – 입문 – 귀환'이라는 말씀을 드렸는데, 도대체 뭐에 입문하는 걸까요? 인도에서 입문이라고 하면, 세계의 신비에 입문하는 것이겠지요. 캠벨이 말하는 입문은 참나가 되기 위해 에고를 깨뜨리는 것입니다. 하지만 대개 입문은 성년 의례를 가리켜요. 신화·전설·민담에는 세 가지 종류의 입문이 뒤섞여 있습니다. 라캉(Jacques Lacan)이라는 심리학자는 '아버지의 이름으로'라는 표현을 씁니다. 아이가 언어를 배우면서 아버지로 상징되는 '상징계'라는 것에 들어간다고 해요. 이건 바로 법과 규율로 대표되는 이 세상의 질서에 편입된다는 뜻입니다.

　태어난 뒤 아이는 여러 발달 단계를 거치면서 아버지의 세계에 들어갑니다. 사회구성원으로 길들여지는 거죠. 아버지가 주관하는 잔혹한 길들이기가 바로 입문, 즉 성년의례입니다. 반드시 아버지가 입문식의 사제가 되는 건 아니고,

어머니가 사제 역할을 하기도 해요. 성별이 아니라, 아버지와 어머니 가운데 누가 법과 질서를 대표하는지가 관건입니다. 가부장제 사회에서는 아버지가 세상의 질서와 잔인함을 상징하죠. 아버지가 더 엄격하잖아요. 법과 질서, 규칙과 가치를 자신의 것으로 받아들인 뒤, 사회구성원으로서 공인받는 것이 성년의례입니다. 하지만 캠벨의 입문은 반대예요. 사회의 가치관을 내재화한 성인은 주입받은 욕망과 가치를 자기 것이라고 착각합니다. 이 착각, 곧 부모와 사회의 영향을 깨뜨리는 것이 캠벨이 말하는 입문입니다. 지금까지 갖춰 온 '나다움'을 완전히 깨 버리는 과정이에요. 부모가 기대하는 것, 사회가 요구하는 것, 세상이 주입해 온 것, 그 모든 것을 깨뜨리지 않으면 내 참된 욕구와 가치를 발견하지 못합니다.

목에 칼을 들이대듯 세상이 내게 들이대는 법칙에 죽어도 굴복하지 않겠다는 각오가 있어야 자기 목을 베고 새로 태어납니다. 기존의 질서를 거부한 사람만이 입문식을 치를 수 있어요. 두 종류의 입문이 동시에 이루어지는 곳도 있습니다. 북아메리카 인디언들은 사춘기 아이를 홀로 숲으로 보내요. 아이가 자기 자신과 마주할 수 있도록, 그리고 성인으로서 기존의 질서와 세상의 요구도 짊어질 수 있도록 기다려 줍니다. 이걸 '비전 퀘스트'라고 부르죠. 참된 나 자신이 되는 동시에 사회구성원으로서의 의무도 짊어집니다.

힘들게 출발하고도 입문에 이르지 못하는 사람은 상당히 많습니다. 입문이 어설프면 비극이 일어나기도 하고요. 그리스 신화에 파에톤이라는 소년이 나옵니다. 파에톤은 태양신 아폴론의 아들이에요. 아버지가 애만 낳아 놓고 떠나 버려서, 파에톤은 홀어머니 밑에서 자랍니다. 그러던 어느 날 파에톤은 친구들에게 자기 아버지가 태양신이라고 말했다가 놀림을 당해요. 그래서 자기 말을 증명하기 위해 아버지 아폴론을 찾아갑니다. 찾아가서 천마들이 끄는 태양 마차를 몰아 보고 싶다고 조른 거예요. 엄격한 아버지라면 이 어린 소년에게 태양 마차를 맡겼을까요? 그런데 아폴론은 이미 아들의 소원을 들어주기로 맹세했기 때문에, 어쩔 수 없이 태양 마차를 내줍니다. 파에톤은 마차를 감당하지 못해 하늘을 태우고 땅을 태운 뒤, 제우스가 내린 벼락에 맞아 죽습니다.

이 이야기가 어떤 교훈을 담고 있을까요? 이 신화는 입문에 대한 이야기로 읽을 수 있어요. 인정과 성취를 얻고자 함부로 덤비지 말라는 교훈도 있고요. 입문식의 사제가 엄격하지 않으면, 준비가 되지 않은 사람을 파국으로 몰아넣을 수 있습니다. 이런 사례는 우리 주변에도 흔하죠. 곱게 자란 부잣집 자식이 부모가 대 주는 밑천을 믿고 방만하게 일을 벌여 부모 재산까지 말아먹는 경우가 있지요. 부모가 엄격해야 할 때 엄격하지 않아서 생기는 문제입니다.

입문식의 사제 역할은 아버지나 어머니 중에 한 명이 맡는 경우가 많습니다. 하지만 꼭 부모여야 한다는 법은 없습니다. 선생님이 될 수도 있고, 다른 어른이 될 수도 있죠. 어쨌든 사제가 엄격하지 않으면, 자격이 안 된 사람은 입문식에서 파멸할 수도 있습니다.

저는 인도에 가서 한 달 만에 서른을 맞았습니다. 그렇게 일찍 간 건 아니죠. 그곳에서 15살 이전에 스리랑카에서 출가한 어린 스님을 뵈었습니다. 승려가 되려면, 엄격한 입문을 거치며 충분히 자격을 검증해야 합니다. 그런데 너무 어린 나이에 승려가 된 거죠. 한국 승단을 믿지 못한 은사 스님께서 아이를 일찌감치 스리랑카로 보내셨답니다. 아이는 제대로 승가에 입문했을까요? 갓 스물의 스님이 방학에 귀국하면서, 하고 싶은 일은 뭐든 할 거라고 하시더라고요. 이렇게 준비가 되지 않은 사람도 문제지만, 제대로 준비되지 않은 사람을 통과시키는 것도 큰 문제가 됩니다. 이 강의를 들으시는 분은 자신이 준비되어 있는지, 관문을 넘어설 수 있는지 스스로 냉정하게 판단하세요. 가능하면 관문의 수호자나 입문식의 사제가 될 스승을 만나는 것이 좋습니다.

신성혼과 신격화

입문에서는 고통뿐만 아니라, 유혹도 견뎌야 합니다. 앞에서 오뒷세우스 이야기를 했었는데, 오뒷세우스의 여정이 어떻게 끝나는지도 말씀을 드려야겠죠. 오뒷세우스는 트로이 전쟁이 끝난 뒤에도 10년 동안 집으로 돌아가지 못하는데, 그중 7년을 칼립소라는 요정에게 억류되어 있었습니다. 둘 사이에 아이도 있었다는데, 오뒷세우스는 늘 고향을 그리워합니다. 결국 신들은 오뒷세우스를 집으로 돌려보내기로 하죠. 고향으로 돌아가려는 오뒷세우스를 칼립소가 유혹합니다. 신들의 음식인 암브로시아와 넥타르를 먹고 신이 되어서 자신과 영원히 함께하자고요. 아내는 이미 늙었을 테니, 늙지 않는 자신과 살자는 거죠. 그런데 오뒷세우스는 집에 있는 늙은 아내에게 돌아가기로 선택합니다. 그 사이에 오뒷세우스의 아내 페넬로페는 구혼자들에게 시달리고 있었습니다. 페넬로페는 시아버지의 수의를 짠다는 핑계를 대면서 구혼자들을 물리치고 있었죠. 낮에는 수의를 짜고 밤에는 풀어 버리는 식으로요. 이렇게 페넬로페가 구혼자들의 등쌀에 시달리는 상황에서 오뒷세우스는 집으로 돌아옵니다.

그런데 오뒷세우스는 왜 영원히 늙지 않는 삶을 살지 않고 늙은 아내에게 돌아오는 걸까요? 앞에서 자기 내면에 있는 영혼의 반려를 심혼이라고 한다고 말씀드렸죠. 페넬로페는 오뒷세우스의 심혼을 상징합니다. 자기 심혼과 결합한다는 것은 온전한 사람이 된다는 것을 의미해요. 오뒷세우스는 내면의 자기 자신과 결합하기 위해서 아내에게 돌아오는 겁니다. 융식으로 말하면, 오뒷세우스라는 의식과 페넬로페라는 무의식이 결합한다고 할 수 있습니다.

이런 결합으로 온전하게 나 자신이 완성되는 것을 융은 신성한 결혼, 곧 신성혼이라고 이야기합니다. 이렇게 신성혼 과정을 거치고 나면, 성격으로도 드러나는데요. 강하면서도 부드럽고, 선하면서도 악함을 모르지 않고, 유연하면서도 원칙을 지키는 성격으로 바뀝니다. 자신의 열등한 그림자와 심혼까지 통합했기 때문입니다. 이게 융이 얘기한 개성화 과정입니다. 이런 사람에서는 이원성의 대립이 무너집니다. 신과 악, 님과 여, 강과 약, 이런 양극성이 무너지

아르다나리슈바라

는데, 인도에서는 이런 경지를 신비로운 이미지로 표현합니다. '아르다나리슈바라'라고 하는 신상은, 왼쪽이 남신 쉬바, 오른쪽이 쉬바의 아내 파르바티의 모습이에요.

　신성혼을 통해 인간이 신적인 존재가 된다고 하는데, 이때 신은 전지전능한 신이 아닙니다. 말씀드렸듯이 이원성을 극복하고 강함과 부드러움, 남성성(양)과 여성성(음)을 다 갖춘 사람이 된다는 뜻입니다. 우리 주변에서도 이런 신격화를 이룬 사람을 볼 수 있습니다. 지리산에서 팔순 할머니들이 신격화를 이룬 모습을 보고, 저는 공부가 따로 필요 없다는 생각까지 했습니다. 긴 세월 동안 자연과 함께 헌신의 삶을 보내시다 보니, 신격화를 이룬 분이 많았습니다.

이런 분은 다른 사람들에게 나눠 줄 전리품을 얻게 됩니다. 자신이 깨달은 바가 전리품이라서, 세상에 나와서 그 깨달음을 가르치기도 해요. 버마 같은 남방의 불교 승단에서는, 출가 수행자 가운데 스승의 인가를 받은 승려만이 밖에서 가르칠 수 있습니다. 상좌부는 스승의 자격도 엄격하게 따지죠.

그럼, 오뒷세우스는 어떤 전리품을 얻었을까요? 그가 얻은 가르침은 『오뒷세이아』의 첫 부분에 직접 언급돼요. "수많은 사람들의 도시를 보았고 그들의 마음을 알았다"라고 표현되어 있습니다. 오뒷세우스가 고생 끝에 집으로 돌아오는데, 20년 동안 그는 다른 사람이 되었습니다. 처음에는 트로이를 공략하러 간 전사였죠. 이때 그리스군은 사실상 해적과 크게 다르지 않았어요. 18세기까지도 해적질은 공식적인 경제 활동이었잖아요. 트로이로 떠날 때의 오뒷세우스는 약탈을 일삼던 전사라고 보아도 무방합니다. 이런 오뒷세우스가 '다른 사람의 마음을 잘 아는' 사람으로 변한 겁니다. 암흑기 이후 재건된 무역의 시대에 걸맞은 인격을 갖춘 거죠.

『일리아스』의 내용은 아시죠? 트로이 전쟁 이야기인데, 고대에는 약탈을 위해 전쟁을 했습니다. 쳐들어가서 남자는 죽이고 여자는 노예로 잡아가던 암흑기였죠. 그러다가 이오니아인이 주도하는 무역의 세기가 도래합니다. 오뒷세우스가 상징하는 새로운 가치관이 이 시대에 등장하죠. 무역의 시대에 맞는 상인의 마인드가 중요해집니다. 전사에서 상인으로의 탈바꿈. 이건 정말 인격개조 수준의 변화입니다. 그 상징이 오뒷세우스고요.

이렇게 자신의 마음을 완전히 바꾸는 것은 쉬운 일이 아닙니다. 가치관을 바꾸는 것이 새로 태어나는 것보다 더 힘들 수도 있죠. 심리학자들에 따르면, 보통 서른 중반에 사람의 가치관이 형성된다고 합니다. 이때 형성된 가치관을 가지고 70대, 80대까지 살면 어떻게 될까요? 지난 시간에 말씀드렸듯이, 살아서 화석이 됩니다. 그런 삶을 살고 싶지 않다면, 과거의 나를 죽이고 새로운 가치관을 받아들이는 각오가 필요합니다. 이 과정을 출발과 입문으로 겪는 거죠.

귀환자의 소명

자, 이제 마지막으로 귀환을 살펴보겠습니다. 입문을 마치고 새로운 깨달음을 얻은 사람은 다시 돌아오고 싶어 하지 않습니다. 이 세상을 버리고 저 세상으로 간 사람이 왜 돌아오겠어요? 젊고 아름다운 칼립소의 유혹을 뿌리치고 늙은 아내 곁으로 돌아오는 오뒷세우스는 특별한 경우입니다. 대개는 돌아오지 않아요. 이 세상으로 돌아와 봐야, 늙고 병드는 삶을 견디는 것밖에 없으니까요. 부처님도 깨달음을 얻고 나서 그런 생각을 하셨죠. '미묘한 진리를 세상 사람들이 이해하기는 어려운데, 굳이 내가 세상에 나가 힘들게 가르쳐야 하나, 그냥 열반에 드는 것이 낫지 않을까' 하고요. 하지만 부처님은 용기 있게 세상으로 돌아와 깨달음을 전하셨죠. 반대로 독각불이라고 하는 부처도 있습니다. 기독교와 이슬람 신비주의 전통에서도 보이는데, 깨달음을 얻고 그 자리에서 해탈에 드는 것을 말합니다. 돌아오고 싶지 않은 거죠. 『홍길동전』의 결말도 그렇습니다. 홍길동은 율도국을 건설하고 거기서 왕 노릇을 하지, 조선으로 돌아와서 신분제를 타파하지 않습니다.

영웅의 능력이 부족해서 귀환이 유보되기도 합니다. 오

뒷세우스가 아내 품에 안겼으니 귀환이 끝났다고 생각하시 겠지만, 고향에 돌아온 뒤에도 오뒷세우스는 다시 떠나야 했습니다. 포세이돈의 노여움을 달래기 위해서는, 제물을 바쳐야 한다는 예언이 있었기 때문이죠. 그래서 오뒷세우스 는 고향을 다시 출발해 낯선 땅에서 제물을 바친 뒤, 다시 귀 환합니다.『오뒷세이아』가 페넬로페와의 재회에서 끝났다 고 생각하시면 안 돼요. 깨달음이 부족하면 다시 떠나야 합 니다. 그게 바로 귀환의 과정을 오뒷세우스가 두 번 겪은 이 유죠.

돌아오지 않으려는 영웅을 돌아오게 하려면 어떻게 해 야 할까요? 외부로부터의 구조가 필요한 경우가 많습니다. 예를 들어 저희 사부님은, 경북대에서 교수직을 제안하면서 모셔 가려고 했는데도 지리산에서 나오지 않으셨어요. 다른 사부님들도 산중에 들어가셔서 사회에 나오지 않는 길을 택 하셨습니다. 사회는 영웅이 가지고 오는 전리품을 얻기 위 해 구조의 손길을 내밀기도 합니다. 그래도 돌아오지 않는 분이 많죠.

부처님의 경우를 생각해 보죠. 부처님은 처음에 왜 안 가르치고 떠나려고 하셨을까요? 깨달음을 얻고 회귀하는 영웅은 새로운 가치관을 가지고 있습니다. 오뒷세우스도 전사가 아니라 상인의 가치관을 가지고 돌아오죠. 새로운 가치관을 가진 사람을 기존의 세계는 증오하고 의심합니다. 물론 영웅의 전리품을 얻기 위해 애쓰는 사람들도 있지만, 대체적인 반응은 서릿발 같은 증오죠. 새로운 가치관이 기존의 가치를 위협하기 때문입니다. 부처님과 예수님 모두 가르침을 펼 때 엄청난 적의와 맞닥뜨렸죠. 기존 종파의 음모로 붓다는 살인자로 몰렸고, 유대 사회의 증오 때문에 예수도 십자가에 못 박히고 맙니다. 이렇게 기존의 질서와 맞서며 고난을 견뎌야 하기 때문에, 당연히 영웅은 귀환을 망설입니다.

다윈(Charles Darwin)도 그런 경우입니다. 다윈은 진화론을 완성하고도 20여 년 동안 세상에 꺼내지 않았습니다. 진화론이 『성경』의 창조론과 정면으로 충돌하기 때문이죠. '왜 내가 굳이?'라는 생각을 했을 겁니다. 그러다가 젊은 학자 월리스(Alfred Russel Wallace)가 비슷한 생각을 정리한 논문을 보내오자, 부랴부랴 진화론을 발표하죠.

저도 강의를 시작했을 때는 신화만 가르쳤습니다. 본격적인 인도학은 물질성을 무너뜨리는 이야기를 하거든요. 자본주의 사회에서 이런 이야기를 하면, 현실성 없는 소리라고 비난받죠. 이세 5년 징도 인도힉 강의를 했는데, 지금도 그런 비난과 맞닥뜨리곤 합니다. "먹고살기도 힘든데, 왜 인도의 가르침이 필요한 거죠?"라는 질문을 수도 없이 받습니다. 지금 강의를 들으시는 분들은 어떻게 생각하실지 모르겠네요.

결국 귀환을 한다는 것은 소명을 받아들인다는 말입니다. '소명'은 기독교적인 용어죠. 신이 나에게 준 사명입니다. 내가 하고 싶다거나 하기 싫다고 할 수 있는 문제가 아니고, 내게 주어진 것을 의무로서 받아들이는 것이죠. 귀환은 소명을 수용하느냐 하지 않느냐에 달려 있습니다. 그리고 소명을 수용한다는 것은 자신의 삶 전체를 내던지는 것과 마찬가지고요.

예수님이 십자가에 못 박히시기 전에 겟세마네 언덕에서 기도하시죠. "하실 수만 있다면 이 잔을 저에게서 치워주소서. 하지만 제 뜻대로 하지 마시고 아버지의 뜻대로 하소서"라는, 생각할수록 눈물이 나는 기도를 하시잖아요. 십자가에 매달릴 것을 뻔히 알면서도 소명을 받아들이는 겁니다. 부처님 역시 깨달음을 얻은 뒤에 나무 밑에서 생각하시죠. 이 법을 세상에 펴는 것이 얼마나 고통스럽고 힘들까, 하고요. 그때 천신이 내려와, 법을 설하라고 부처님께 청했다고 하죠. 신화적인 이야기로 포장하지만, 이 장면 역시 붓다가 소명을 받아들일지 고민하다가 결국 받아들였다는 이야기입니다. 하지만 대부분의 영웅은 소명을 거부하죠.

지금까지 '출발-입문-귀환'을 거쳐, 새 사람이 되어 다시 세상으로 돌아오는 이야기를 했는데요. 누구나 이 과정을 명시적으로 거치지는 않습니다. 모호할 수도 있죠. 하지만 출발에서 입문까지의 고통은 영웅 누구나 겪어야 합니다. 이 고통은 피할 수가 없어요. 고통을 아직 견딜 만하면, 아직 출발 단계이고, 정말 죽는 게 나을 정도의 고통까지 겪는다면 입문 과정이라고 가늠해 보실 수 있습니다.

그런데 앞에서 말씀드렸듯이, 페넬로페와 지리산의 팔순 할머니들처럼 저도 모르게 출발과 입문을 겪는 사람도 있습니다. 이런 사람은 보이지 않는, 고통의 표지를 지니고 있죠. 일상을 살면서 출발과 입문에 상응하는 고통을 겪은 겁니다. 저절로 성숙하는 거죠. 이런 사람은 따로 귀환할 필요가 없습니다. 게다가 전리품을 세상에 전하지 않는 경우가 많죠. 고통을 통해 자신만의 깨달음을 얻고 조용하게 생을 마칩니다. 이것이 성배, 즉 음(陰)의 여정이자 시간의 여정입니다.

심혼, 영혼의 반려

다음으로 '심혼'에 대해서 좀 더 자세히 말씀드리겠습니다. 심혼은 원래 융이 쓰는 용어인데, 저는 융과는 조금 다른 의미로 심혼이라는 말을 씁니다. 먼저 융이 말하는 심혼에 대해서 설명드리겠습니다. 오른쪽 그림은 융이 말하는 개성화를 시각화한 건데요. 페르소나 밑에 에고, 흔히 '나'라고 믿는 자아가 있고, 그 밑에 그림자가 숨어 있죠. 그보다 깊은 곳에 아니마/아니무스라고도 하는 심혼이 있습니다. 남성성(양)과 여성성(음)을 나누어, 남성 안에 있는 여성성을 아니마, 여성 안에 있는 남성성을 아니무스라고 해요. 사실 성별로 심혼을 구분하는 것은 적절하지 않습니다. 양인 사람에게는 음의 심혼이, 음인 사람에게는 양의 심혼이 있다고 하는 것이 더 합리적이고요. 가령 여성이라도 저는 양이 강한 사람이기 때문에, 제 내면에는 정서를 담당하는 음 심혼이 숨어 있습니다. 관계지향적 음이 우세한 사람에게는, 이성을 담당하는 양의 심혼이 숨어 있죠. 이렇게 드러난 성향과는 반대되는 심혼이 우리 내면에 숨어 있습니다.

  심혼은 그림자와는 다릅니다. 그림자는 억압된 욕망입

융의 개성화 도식

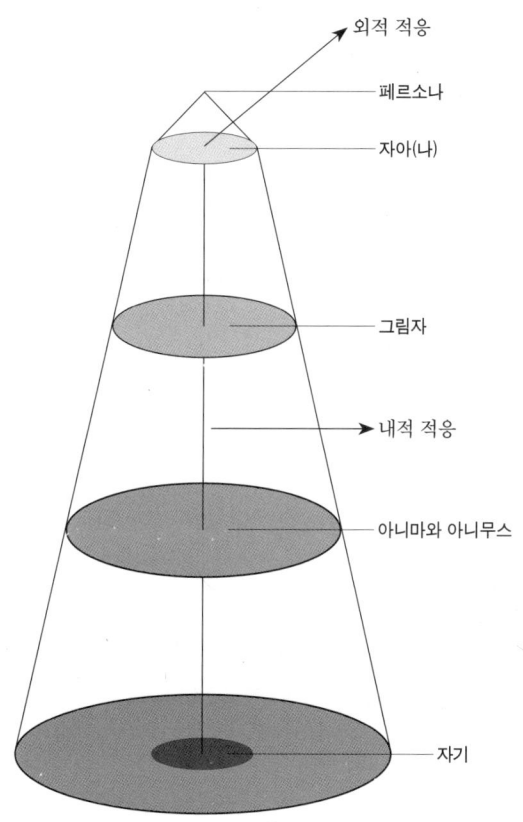

외적 적응

페르소나

자아(나)

그림자

내적 적응

아니마와 아니무스

자기

니다. 손가락질 받을까 봐 풀지 못한 욕망이 그림자로 나타나죠. 이와 달리 심혼은 나와 완전히 반대되는 성격을 띠고 있습니다. 무의식 속 이성이에요. 그래서 영혼의 반려라고도 합니다. 목표와 성취를 중시하는 사람은 정서를 소홀하게 여기고 감정을 억누를 수밖에 없는데, 이렇게 억눌린 정서적 기능이 음의 심혼입니다. 반면 정서적이고 관계를 중시하는 사람의 내면에는 나와 세상 사이에 다리를 놔주는 양의 심혼이 숨어 있습니다.

이렇게 상반된 기질의 심혼은, 열애나 대극의 반전 덕분에 점차 밖으로 드러나기 시작합니다. 갱년기 우울증 같은 증상으로요. 천사 같던 아내가 갑자기 프라이팬으로 남편의 머리를 때리는 일이 실제로 벌어집니다. 문제는 심혼이 성숙하지 않았는데, 대극의 반전이 일어나 중년의 위기를 불러오는 거죠. 성숙하지 않은 심혼이 나와서 사고를 칩니다. 예를 들어 양의 성향을 지닌 사람은 감정을 억누르며 살아가다가, 갱년기에 불같이 화를 내는 성격으로 변하기도 합니다. 심혼이 튀어나오기 때문입니다. 성숙하지 않은 심혼이 튀어나와서 다른 사람을 물어뜯는 거죠. 심혼이 성숙하려면, 입문의 과정을 거쳐야 합니다. 내면의 심혼과 결합하지 않으면, 우리는 완성된 존재가 될 수 없습니다. 이걸 융은 의식과 무의식의 결합이라고 해요. 처음에는 그림자로 나타나는 역겹고 열등한 나 자신을 동화하고, 그다음에 아니마·아니무스라는 상반된 나, 즉 심혼을 통합해야 한다는 말입니다. '참나' 혹은 '신'이라고 부르는, 서양에서는 대문자로 '셀프'(Self)라고 부르는 온전한 '자기'가 그 아래 심저에 있습니다. 이것이 우리가 깨달음을 얻는 과정이자, 앞에서 설명한 '출발-입문-귀환'을 거쳐서 진정한 나 자신이 되는 과정입니다. 융의 도식에 따르면, 출발 이후의 시련은 그림자 동화, 입문에서 겪는 시련은 심혼 통합을 상징하죠.

이 통합 과정을 융은 개성화라고 했는데요. 인간은 개성화를 통해 자기 자신에 도달해야 하지만, 많은 사람들이 두려움 때문에 자기 자신에 도달하는 것을 포기합니다. 하지만 포기한다고 그런 고통의 과정을 겪지 않는 것은 아닙니다. 인도의 윤회는, 과제를 해내지 못하면 그 과정이 무한히 반복되어 그것에서 벗어날 수 없다는 것을 말해요. 이번 생에서 출발-입문-귀환의 과정을 견디지 못하면, 내생에서 똑같은 일을 다시 겪습니다. 내생이 아니라 지금 생에서 이런 타임루프가 찾아오기도 하는데요. 저는 대강 십 년을 주기로 같은 일을 반복해서 겪었습니다. 세 번 겪었으면 됐지 네 번, 다섯 번 견딜 수는 없다는 비장한 각오로 입문을 견뎠죠. 괴로움을 또다시 겪고 싶지 않으시면, 화끈하게 델 각오로 한번 견뎌 보시기 바랍니다.

『바가바드 기타』의 세 가지 가르침

저 역시 전리품을 풀어놓으라는 소명을 거부하다가 귀환한 지 얼마 되지 않았습니다. '깨달음이 부족한데 어떻게 소명을 받아들일 수 있을까?'라고 질문했었죠. 제가 얻은 답은, 경전의 가르침을 전하는 것이었습니다. 『바가바드 기타』나 『우파니샤드』 같은 인도의 경전들을 가지고 책도 쓰고 강의도 하고 있는데요. 이제부터는 경전을 설명할까 합니다.

　　『바가바드 기타』는 '존귀한 분의 노래'라는 뜻으로 힌두교의 신약성서와 같은 경전입니다. 이 경전이 어떤 경전인지 자세하게 말씀드리지 않겠지만, 이 경전에서 이야기하는 세 가지 가르침은 알아 두실 필요가 있습니다.

　　인도에는 삼신 숭배가 있습니다. 세상을 창조하는 브라흐마, 세상을 유지하는 비슈누, 세상을 파괴하는 시바, 이렇게 세 신을 삼신이라고 부르는데요. 이 중에 세상을 지키는 비슈누 신은 세상이 위험에 빠질 때마다 화신을 냅니다. '아바타'라는 영화를 보신 분도 계실 텐데, 아바타가 바로 화신이라는 뜻입니다. 『바가바드 기타』에도 비슈누 신의 화신이 등장하는데, 바로 크리슈나입니다. 크리슈나가 비슈누 신의 화신으로서 가르침을 주는데, 그 가르침을 주는 곳이 일촉즉발의 전쟁터입니다. 사촌 간에 벌어진 전쟁의 한복판에서 크리슈나는, 친척들을 죽이는 전쟁에 나설 수 없다고 주저앉는 아르주나에게 세 가지 가르침을 줍니다.

그 세 가지 가르침은 지혜의 길과 행위의 길, 사랑의 길입니다. 이 세 가지 길에 대해 설명을 드릴 텐데요. 세 가지 가운데 자신에게 맞는 것을 선택해서 따르시면 됩니다.

지혜의 길

첫번째인 지혜의 길은 명상과 수행을 말합니다. 이건 인도에서 3천 년 이상 내려온 가르침이죠. 그런데 명상이 적합하지 않은 분도 있습니다. 정서가 풍부하신 분은 감정의 파도에 침몰할 수가 있거든요. 내면으로 들어갈 때 가장 먼저 만나는 것이 그런 파도입니다. 어린 시절의 트라우마처럼, 꼭꼭 눌러놓았던 감정의 파도가 밀어닥치는데, 그 때문에 인도의 아슈람에서는 미치는 사람이 제법 나옵니다. 한국에서 건너가신 분이 자살한 사례도 있고요. 내면의 트라우마나 정서적인 고통이 드러날 때 그걸 견딜 수 없다면, 섣불리 명상이나 수행에 들어서면 안 됩니다. 상기나 이유 없는 답답함을 느끼시는 분은 앉아서 하는 좌선이나 수행이 좋지 않고요. 굳이 지혜의 길을 따르고자 한다면 행선을 하시는 것이 좋습니다.

차분하게 걸으면서 생각을 정리하거나, 움직임 또는 발바닥에 마음을 집중하는 등 행선에도 여러 가지 방법이 있습니다. 저는 몸의 움직임을 관찰하는 것이 가장 안전하고 쉽다고 말씀드립니다. 몸이 취할 수 있는 자세는 네 가지밖에 없죠. 앉다, 서다, 눕다, 걷다. 이 중에서 내가 지금 무엇을 하고 있는지를 집중해서 관찰하는 겁니다. 이렇게 말씀드리면, 자기 자세를 관찰하는 것이 뭐가 어렵냐고 하시겠지만, 몸을 온전히 관찰하는 것은 생각보다 쉽지 않습니다. 보통 사람들은 몸이 어떻게 움직이는지 모릅니다. 대부분 생각이나 감정에 잠겨 있죠. 그래서 밥을 먹을 때 한 입 한 입 씹으면서 그 느낌을 관찰하는 것만 해도 대단한 수행이 됩니다. 또 내가 걸을 때 왼발과 오른발을 어떻게 들어서 옮기는지, 몸은 어떤 자세를 취하는지 관찰하는 것도 훌륭한 수행이 되죠.

이미 출발을 한 경우에는 지혜의 가르침이 반드시 필요합니다. 출발하신 분은 뭐든 명상법 하나를 익혀 두시는 것이 좋아요. 저는 위험한 수행도 해서, 정신적 부작용을 많이 겪었습니다. 힌두 수행법 중에는 진전이 빠르지만 위험한 것도 있거든요. 몸의 자세를 관찰하는 것은 제가 해본 것 가운데 가장 안전하기 때문에 권해 드립니다.

감정에 휘둘리지 않아 내면의 파도가 심하지 않은 분은 집중 수행으로 시작하셔도 좋습니다. 집중력을 높이는 방법이에요. 호흡 관찰, 즉 수식관도 집중력 훈련이 될 수 있습니다. 숨이 느껴지는 코 언저리 한 지점에 집중할 수 있거든요. 정서적 파도를 감당할 수 있다며 자신하는 분도 진짜 수행에 들어가면 무서움을 느끼시곤 합니다. 그래도 수식관은 안전한 수행이니까 해보시면 좋겠습니다. 수식관은 말씀드린 대로 호흡이 느껴지는 부위에 집중하는 것이 전부인 수행인데요. 허리는 똑바로 펴셔야 합니다. 허리를 똑바로 하지 않으면 정상적으로 명상의 단계가 진행되지 않습니다. 의자에 앉을 때도 편하게 앉되 허리는 쭉 펴고 앉으셔야 하고요.

좀 길고 지루하지만 안전하게 수행하고 싶으시면 위빠사나 수행센터가 많이 생겼으니, 그런 곳을 찾아보셔도 좋습니다. 다른 수행법은 크고 작은 부작용이 있지요. 위빠사나 수행이 안전한 축에 속합니다.

행위의 길

다음은 행위의 길입니다. 출발한지 모르겠다, 어느 단계에 있는지 모르겠다고 하시는 분이 따를 수 있는 길입니다. 출발하지 않은 사람이 행위의 가르침을 닦으면 금방 전령관이 옵니다. 행위의 길은 두 가지 방법으로 실천할 수 있습니다. 하나는 몰입이고, 다른 하나는 리추얼인데요. 먼저 몰입에 대해 말씀을 드리겠습니다.

몰입은 지혜의 길에서 말씀드렸던 집중과는 다릅니다. 집중이 명상을 하면서 움직이지 않고 전념하는 것을 말한다면, 몰입은 일을 하는 가운데 그 일에 마음을 모으는 것을 말합니다. 틱낫한 스님이 일상생활에서 강조한 것이 바로 몰입입니다. 설거지를 하건, 청소를 하건, 장을 보건 그 일에 온전히 몰입하면 그게 바로 수행이고 깨달음이라는 겁니다. 행위의 길을 다른 말로 의무의 길이라고 해요. 의무감에서 일하라는 뜻이 아닙니다. 결과를 얻으려는 목표와 의도가 있어서가 아니라, 그냥 해야 하는 일이기 때문에 한다는 뜻입니다. 과정이 중요하다는 생각을 가지고 임하면 몰입하기가 더 쉽죠. 열심히 일해서 돈 많이 벌어야지, 승진해야지 하는 의도를 가지고 있으면, 그 일에 온전히 집중하기보다는 그 일이 가져올 결과에 더 집중하잖아요. 그건 순수한 몰입이 아닙니다. 몰입은 유교에서 이야기하는 '진인사대천명'(盡人事待天命) 같은 것이죠. 내 할 일을 다 하고, 그 일의 결과는 하늘에 맡겨 놓는 겁니다. 이것이 행위의 길에 속하는 '몰입'이고요.

다음으로 행위의 길 중에서 '리추얼'에 대해서 설명하겠습니다. 요즘 자기계발에 '루틴', '리추얼'이 많이 나오죠. 이때 리추얼은 일상에서 지속적으로 반복하는 행위를 말합니다. 삶 속에서 날마다 하는 일은 습관이죠. 습관을 의미화하면, 그것이 루틴이 됩니다. 그리고 출발-입문-귀환을 통해서 소명을 받아들였을 때, 지속적이고 반복적인 행위도 리추얼이 된다고 할 수 있습니다. 아직 소명을 발견하지 못했다면, 리추얼을 구축할 수 없죠. 대신 루틴은 구축할 수가 있습니다.

저는 강의 전에 항상 초를 켜는 의례를 치릅니다. 빛은 지성과 가르침을 상징합니다. 강의에서 제가 하는 말이 촛불과 같은 의미가 되기를 바라는 마음으로 이런 행위를 합니다. 인도의 가르침을 전하는 소명을 가지고 이 행위를 하기 때문에, 초를 켜는 것이 리추얼이 됩니다. 하지만 아직 소명을 발견하지 못하신 분은 초를 켜는 습관부터 만들고 거기에 삶의 의미를 상기한다는 의미를 부여해서 루틴으로 구축하실 수 있겠죠.

루틴을 구축하려면, 이미 가지고 있는 좋은 습관에 하나를 덧붙이면 됩니다. 항상 일찍 일정한 시간에 일어난다면, 일어나서 차나 커피를 내려 마시는 행위를 덧붙이는 거죠. 다수의 작가가 글쓰기 전에 커피를 핸드드립 하는 루틴을 행했습니다. 커피를 마시고 싶어서, 혹은 잠을 깨려고 마시는 것이 아니라, 내리고 마시는 행위를 의식으로 거행하는 겁니다. 그런 의식을 치르면서 이제부터 글을 써야 한다는 신호를 내 머리에 주는 거죠. 가령 아침에 다도를 하는 습관이 있다면, 이 행위에 내 삶을 정돈한다는 신호이자 의미를 부여할 수 있고요. 이렇게 루틴을 구축합니다. 물론 이런 의미에 소명까지 부여해서 리추얼을 구축하시면 더 좋죠. 하지만 루틴을 구축하는 것만으로도 삶은 충분히 달라질 수 있습니다. 루틴을 덧붙이는 습관은 당연히 좋은 습관이어야 해요. 음주나 흡연은 좋은 습관에 해당하지 않고요. 이렇게 행위의 길은, 일상 속에서 몰입하고 삶의 의미를 찾고 소명을 발견하는 과정에서 완성됩니다.

사랑의 길

마지막으로 사랑의 길이 남았네요. 사랑의 길은 헌신이라고
도 말씀드릴 수 있는데요. 원래 『바가바드 기타』에서는 신에
대한 사랑(신애神愛)을 뜻합니다. 이 신애를, 내가 사랑하는
사람이 나의 신이라는 가르침으로 확장할 수 있어요. 거창
하게 신을 섬기는 것이 아니라 내 아이, 내 배우자, 내 곁의
사람들을 진심으로 사랑하고 그 사람들에게 대가 없이 헌신
하는 것이 바로 사랑의 길입니다. 이 길은 출발-입문-귀환
의 과정을 거치지 않더라도 깨달음에 도달할 수 있는 탁월
한 가르침입니다. 이 길은 양적인 사람보다 음적인 사람에
게 효과가 좋습니다. 정서적이고 사람과의 관계를 중시하는
사람들에게요. '내가 잘해 줬으니 내게도 잘할 거야'라는 기
대를 깨고 대가 없이 베풀면, 헌신만으로도 깨달음에 이른
다고 합니다.

마지막으로, 깨달음이 무엇인지를 설명하고 강의를 마
치려 합니다. 개성화는 앞에서 말씀드린 것처럼 그림자, 즉

사악한 나를 인정한 뒤, 아니마·아니무스라는 열등한 나를 받아들이는 과정입니다. 여기까지는 말씀드렸는데요. 그다음에는 세상과 나를 가르는 경계를 넘어야 합니다. 우리는 보통 피부를 경계로 그 안쪽은 나, 그 바깥은 외부 환경이라고 생각하지만, 깨달음은 그 경계를 없애는 것입니다.

처음에 우리는 참나로 들어가는 내면의 여정을 시작합니다. 거기서 내가 사랑하는 사람들, 내가 헌신하는 대상인 '우리'를 만나죠. 그런 다음에 세상 모든 것과 내가 하나라는 것을 깨닫게 됩니다. 인도에서는 이걸 '범아일여'(梵我一如)라고 해요. 나와 우주가 하나라는 깨달음입니다. 바로 내면 깊은 곳에 있는 참나를 만나는 것이죠. 참나, 즉 진정한 나는 통로를 말합니다. 이 통로를 통해서 '나'는 에너지를 받고, '우리'와 소통을 하고, 세상과 하나가 되죠. 이 통로가 '모두'와 연결되어 있기 때문에, '나'는 나에서 그치는 것이 아니라 세상 전부가 될 수 있습니다.

가르침에 대해서는 이 이상으로 표현하기가 어렵습니다. 강의를 시작할 때 말씀드렸던 것처럼, 가르침을 알고 싶다면 먼저 제자의 자격을 갖추어야 해요. 제자의 자격을 갖춘 뒤, 스승 곁에 앉아서 전수받아야 합니다. 자격을 위해서는 인문학을 열심히 공부하셔야 하고요. 우리에게 부족한 것은 언제나 사랑이지, 이해가 아닙니다. 그러니까 인문학 공부가 지적인 앎만을 늘리기 위해서라고 생각하시면 안 돼요. 우리는 늘 자비로 감쌀 수 없기 때문에 이해를 필요로 합니다. 그것이 인문학의 본령이라는 것을 꼭 기억해 두셨으면 합니다. 사랑이 모자랄 뿐, 이해가 모자라는 법은 결코 없다는 말씀을 마지막으로 드리면서 강의를 마무리하겠습니다. 감사합니다.